하루,

예배의 순간

하루, 예배의 순간

정혜덕 + 하늘샘

차례

서문 예배자를 위한 걷기 여행길 7

굿나잇, 그랜드 래피즈 12
설거지가 예배가 되려면 20
정의와 평화를 구하는 손놀림 26
쓰레기를 채우고 버리고 32
마음을 녹이는 목련 꽃눈과 매화 꽃봉오리 41
초록색의 하나님을 바라보는 오후 48
고통을 뛰어넘는 힘은 덕질에서 56
읽고 읽고 또 읽고 63
평일에 교회에 가며 70
기다림의 끝은 커피 77
참사 그리고 종말 85
나의 씬지룩신이 되신 여호와여 99
혼자가 아니라 함께 108
멍 때리기 115

그냥 존재하기만 해도   124

물처럼 심심한, 물처럼 소중한   131

먼지를 닦으며   140

흙을 만질 때   148

이 언덕을 내게 주소서   159

복된 사람은 망친 케이크도 즐거워하시는 하나님을 모시니   168

슬기로운 쥐미 생활   176

땀 흘리며 물불과 씨름하는 자의 환희   184

친구와 여행을 떠나요   195

세상에서 가장 쉽고도 어려운 믿음 고백   203

후기 '이미'와 '아직' 사이에서   213

서문

예배자를 위한 걷기 여행길

　　하나님을 참으로 사랑하는 사람이 있습니다. 그이에게 예배가 얼마나 중요한지 묻는다면 아마 주저하지 않고 세상에서 가장 소중한 것 중의 하나라고 대답하겠지요. 우리는 흔히 예배를 무의식적인 호흡이나 꼭 먹어야 하는 음식에 빗대곤 합니다. 예배를 우리 삶의 목표, 더 나아가 존재의 목적 그 자체라고 설명하기도 합니다. 저희도 그 생각에 동의합니다. 하나님은 당신의 영광을 위해 우리를 지으셨고, 우리는 주님을 생각하고 사랑하고 찬미할 때 가장 행복하다고 말이지요.
　　하지만 예배를 정의하기란 참 어렵고 곤란합니다.

누구는 특정한 장소에 모여서 여럿이 함께 드리는 예배, 형식과 순서가 있고 틀이 분명한 예배를 강조합니다. 또 다른 누구는 인생의 모든 순간, 침대에서 일어나 침대로 돌아오는 사이의 모든 찰나가 다 예배의 조각이라고 역설합니다. 예배를 좁게 정의한다면 전자가 적절하겠고, 좀 더 넓게 해석한다면 후자도 역시 일리가 있지요.

결국 문제는 '어떻게' 입니다. 1년 365일 내내, 일주일 내내, 24시간 내내 하나님을 예배해야 한다고 합시다. 정말로 삶의 모든 순간이 찬미여야만 한다고 잠시 가정해 봅시다. 도대체 어떻게 하면 그렇게 살 수 있을까요? 일상에서 예배하는 사람은 어떤 모습으로 살아갈까요? 만약 매일 진심으로 진정으로 하나님의 얼굴을 보는 사람이 있다면, 하루를 보내며 어떻게든 주님의 이름을 부르고자 몸부림치는 사람이 있다면, 그가 등장하는 장면은 어떻게 그려질까요?

이 책은 이 질문에서 시작되었습니다. 저희 두 사람은 이 질문에 관한 생각을 편지에 담아 교환했습니다. 저희는 온라인으로 만났을 뿐, 아직 같은 시공간에서 마주한 적이 없습니다. 대한민국 서울 혜화동과 미국 미시간 그랜드 래피즈에서 각자도생하고 있지요. 하지만 하나의 질문을 함께 마음에 품었기에 각자의 가정과 일터, 교회에서 함께 있는 듯한 기분이 들었습니다.

    날마다 비슷하고 일상은 단조롭지만 삶은 매 순간이 낯선 여행길입니다. 저희는 각자에게 주어진 여행길을 거닐며 예배의 순간을 발견하려고 노력했습니다. 서로 격려하고 응원하며, 번갈아 이끌고 밀며 걸었습니다. 오르막길과 내리막길을 거치면서 전에는 예배라고 생각하지 않았던 장면에서 예배를 찾아냈습니다. 설거지를 하고 쓰레기를 치우고 먼지를 닦으면서, 커피를 내리고 물을 마시고 약을 먹으면서, 산책하고 텃밭을 가꾸고 여행을 떠나면서 저희는 하나님을 만났습니다. 일상에 깃든 그분의 사랑과 섭리를 경험했습니다.

    저희가 예배를 찾아낸 걸음걸음으로 독자 여러분을 초대합니다. 짧은 걷기 여행길에 함께하여 즐겨 주시기를.

하늘샘, 정혜덕 드림

good
morning

혜화

good
night

그랜드 래피즈

굿나잇, 그랜드 래피즈

늘샘

　점 하나도 찍히지 않은 편지지나 모니터에 받을 사람의 이름을 적습니다. 저는 이 순간을 좋아해요. 이름에 쉼표를 찍으면서 일종의 쾌감도 느낀답니다. 편지의 수신인 이름 밑에 붙는 쉼표, 그 쉼표의 꼬리 끝에 눈에 보이지 않는 산소통이 붙어 있는 것 같아요. 그 쉼표 뒤에서 가볍고 경쾌하게 숨을 쉴 수 있거든요. 숨이 쉬어지면서 생기는 여운, 그 여운 덕분에 편지를 받는 이의 이름에 온전히 집중하게 되는 듯해요.

세상은 정신없이 돌아가고 온갖 소음 때문에 자주 두통에 시달려요. 글을 쓰면서 마음의 안정을 찾으려고 시도하지만, 생각보다 글은 잘 써지지 않고 한 문단을 다 쓰기도 전에 나달나달한 문장력과 빈곤한 어휘력을 직면하니 외려 슬퍼지곤 한답니다. 하지만 편지는 달라요. 편지를 쓰는 동안에는 세상 그 무엇에도 시선과 마음을 빼앗기지 않고 오직 편지의 수신인만을 떠올리죠. 그의 일상을 방해하지 않으면서 그를 내 앞으로 불러올 수 있는 최선의 방법은 편지를 쓰는 거예요. 내가 좋아하는 사람, 내가 말을 건네고 싶은 사람이 눈앞에 없어서 더 좋은, 역설적인 상황을 즐깁니다. 아마도 편지 쓰기의 최고 장점은 (나 자신과 상대방, 그리고 주위 사람들의) 눈치를 보지 않고 나의 마음을 전할 수 있다는 점일 거예요.

　　서두가 좀 길었죠? 사실, 이 편지는 늘샘과 제가 사적으로만 주고받는 편지가 아니라서 편지글의 머리에 어울리지 않는 내용이 들어갔네요. 하지만 이런들 어떠하며 저런들 어떠하리. 21세기를 살면서 "기체후 일향만강氣體候 一向萬康하시온지요?"로 시작하는 편지를 주고받을 필요는 없으니, 그저 마음에 담은 말을 편하게 적어 보내면 되죠. 제 마음에는 늘샘과 늘샘의 가족이 건강하고 평안하기를 바라는 뜻이 가득하답니다. 어머, 바로 그게 '기체후 일향만강'이네요. 역시 어른들이 하신 말씀은 버릴 것이 없다니까요.

제가 늘샘에게 개인적으로 처음 보낸 편지, 정확하게 말해서 이메일은 2020년 12월 4일에 보낸 것인데 그 내용은 편지라기보다는 업무상 메일에 가까워 보여요. 저는 묘지를 산책한 이야기를 모아 쓴 원고를 계약하기 전에 최종 수정을 앞두고 있었고, 그 원고에서 종교색을 덜어낼지 말지 엄청나게 고민하던 중이었죠. 두 권의 에세이를 출간하고서야 '기독교'라는 꼬리표가 붙은 책은 많이 팔 수 없다는 사실을 알았어요. 아, 물론 제가 주님의 은혜로 아주 유명해진다면, 그래서 "내가 제일 잘 나가~"라고 외칠 상황이 된다면 뭘 써도 팔리겠죠? 하지만 저는 기독교 '성공담'에는 관심이 없고, 오히려 기독교 '실패담'만 쓰고 싶은 사람이라서 그건 쉽지 않을 거 같아요. 그래서 그 원고에 붙은, '기독교'라는 꼬리표를 뗄까 말까 고민하다가, 기독교인이면서 신학을 공부하고 있고 비기독교 서적도 꽤 많이 읽은 늘샘에게 초고를 읽어 달라고 부탁하는 지경에 이르렀죠.

초고를 읽는다는 건 엄청난 특권인 동시에 무척 난감한 일이에요. 읽고 나면 저자에게 최소한 한마디라도 해야 하니까요. "오, 진짜 좋아." / "그래? 고마워. 그런데 어떤 점이 좋은지 조금만 설명해 줄 수 있어?" / "아니, 좋으면 그냥 좋은 거지 뭘 설명이 필요해?" / "너 지금 장난해? 내가 심심해서 이 글 쓴 거 아니잖아. 돈 벌려고 썼다고! 어디가 어떻게 좋은지 알아야 더 좋게 만들지. 조금만 더 얘기해 봐. 응?" 이 정도면 다행이죠. 반대 방향이면 더 곤란해요. "잘 읽었는데…." / "그런데? 별로야?" / "아니, 별로라기보다는 뭐랄까…." / "뜸 들이지 말고 좀 시원하게 말해 봐." / "솔직하게 말해도 돼?" "당연하지. 솔직한 평을 듣고 싶어서 너한테 읽어 보라고 한 거야." / "그런데 솔직하게 말하면 너 화낼 거 같은데?" / "절대 화 안 내거든? 빨리 좀 말해. 기다리다 죽겠다." / "화낼 텐데…." 화는 안 내요. 하지만 기분이 엄청 나쁘죠. 내 글이 그저 그렇다는 진실을 직면하면 비참하니까요.

늘샘의 피드백은, 솔직히 말하면 별로 건질 것이 없었어요. 저는 늘샘에게 제 글의 종교색이 어느 정도인지 물었는데 과하지 않다는 짧은 답변과 함께, 비신자가 글을 읽을 경우 성경 구절의 인용에 대해서 약간의 의견을 밝혔죠. 생각해 보면, 저와 늘샘이 개인적으로 연락을 주고받기 시작한 무렵이었고 서로에 대해 최선의 예의를 갖추려고 나름 애쓰던 때였던 것 같아요. 지금은 예의를 지키지 않는다는 말이 아니라, 서로에게 '간'을 보는 탐색의 시기였다는 말이에요. 저는 궁예처럼 사람의 마음을 꿰뚫어 보는 관심법을 연마하지 못해서 당시 늘샘의 마음은 몰라요. 그저 짐작할 뿐. 하지만 제 마음은 알죠. 저는 '금사빠'라서, 호감이 가는 사람에게는 바로 호의를 드러내거든요. 그 대상이 이성이든 동성이든 동물이든 식물이든 다 마찬가지예요. 빙빙 돌리는 걸 싫어해요. 그럴 기운이 없어요. 언제 죽을지 모르는데 '우리 만남은 빙글빙글 돌고' 타령은 하고 싶지 않아요. 하지만 새로운 사람과 관계를 만들어 가는데 요즘 말로 '훅 들어가면' 실례라서 조심 또 조심하려고 애쓰는 편입니다. 참, 제가 늘샘에게 초고를 보내고 난 뒤, 다른 지인에게 또 초고를 읽어 달라고 했다는 얘기는 안 했죠? 물론, 흐릿한 피드백을 주신 늘샘께 감사했고, 아쉬운 피드백은 그 지인에게서 받았어요. 그리고 결국 계약도 따냈지요. 저는 참 목적 지향적인 인간인가 봐요.

그래도 늘샘이 제 초고를 읽어 주셔서 진심으로 감사했고, 그 감사를 제대로 표현하고 싶었어요. 그래서 종이에 자수를 놓은 책갈피를 만들었고 같이 보낼 손 편지도 썼어요. 책갈피와 편지를 빨간색과 파란색 테두리가 둘린 국제항공 우편 봉투에 담아서 발걸음도 가볍게 집

앞 우체국에 갔는데, 코로나19 이후 미국으로 일반항공우편이 오가지 않는다는 거예요. 우체국 창구 직원이 EMS로 보내야 한다는 말을 툭 던졌을 뿐인데, 그 단어가 심상치 않게 들리더라고요.

"(아무렇지 않은 척 목소리를 가다듬고)아, 뭐 그러지요. 비용이 얼마나 나올까요?"

"(심드렁하게) 2만 원 넘게 나올 겁니다."

"(꺅!을 꿀꺽 삼키고) 네?"

2만 원이라니. 편지 한 통 보내는 데 2만 원이라니. 저는 그 순간 2만 원의 효용을 따지는 장바구니 물가의 수호자, 주부가 되었어요. 과연 2만 원을 지불하고 보낼 만한 가치가 있나? 그걸 우체국 접수대 앞에서 따질 수는 없어서, 조용히 집으로 돌아왔죠. 그리고 며칠 뒤, 마음을 다잡은 뒤에 다시 우체국에 갔어요. 늘샘과 게이샤 커피 두 잔 마셨다고 생각하자. 감사한 마음을 배달하는 데 2만 원이면 싸게 먹히는 거다. 그런데 결제하는 손은 왜 떨렸을…까요.

늘샘이 제 편지와 책갈피를 받고 얼마나 기뻤을지, 저는 몰라요. 사실, 몰라서 속 편해요. 내가 편지에 담은 마음보다 늘샘의 받는 마음이 작으면 기분 나쁠 거고, 크면 부담스러울 테니까요. 우리는 종종 상대방의 마음을 몰라 준다고 원망을 듣곤 하는데, 그 마음을 과연 알 수가 있을까요? 미루어 짐작할 뿐이죠. 대체로 긍정적으로 생각하고 일하는 편이지만, 저는 사람의 마음에 대해서만큼은 회의적이에요. 신학 박사과정에 재학 중인 늘샘 앞에서 성경 구절을 들먹이고 싶진 않지만 '마음'이라는 것이 요물이잖아요. 제가 무척 좋아하는 성경 구절이 잠언 4장 23절인데, 공동번역으로 인용하고 싶어요. "무엇보다도 네 마음을 지켜라. 그것이 바로 복된 삶의 샘이다." 어머, 이 구절에 샘이 있네요. 늘샘, 우리 각자의 마음을 소중히 잘 지키면서 살아요.

저는 책갈피를 만들 때 그 책갈피를 사용할 상대방이 좋아하는 문구를 넣곤 하는데, 늘샘은 제게 직접 골라 달라고 하셨죠. 그런데 제가 고른 문구가 늘샘이 무척 아끼는 문구라서 또 좋았죠. 이런 식으로 생각지 못한 일치가 일어날 때, 우리 사이에 우정의 다리를 놓는 분을 떠올리게 돼요. 임마누엘이라는 별명으로 불리는 분, 예수 그리스도. 그분이 늘샘과 늘샘의 가족을 기체후 일향만강하도록 돌봐 주시리라 믿어요.

우리는 편지를 주고받으며 서로의 마음을 건넸고, 그 과정을 즐겼죠. 따뜻하고 부드러운 이 기운을 우리만 누리기는 좀 아쉽더라고요. 그래서 출판을 염두에 두고 편지를 써 보자고 제가 바람을 넣었죠. 늘샘은 논문에 대한 압박, 저는 계약한 원고에 대한 압박에 시달리면서 일상을 어깨에 지고 매일 앞으로 나가야 하는데, 그게 참 쉽지 않잖아요? 게다가 전 세계적으로 창궐한 바이러스 때문에 숨조차 제대로 쉴 수가 없고요. 편지를 받는 사람의 이름 밑에 작게 찍는 쉼표, 그 쉼표의 여운과 여유가 간절해요. 그래서 더욱 늘샘과 사적이면서 공적인 편지를 본격적으로 주고받아야겠다고 마음먹었어요. 우리 사이를 오가는 글자들이 다른 이들에게도 전해져서 프뉴마(*Pneuma*, '숨·호흡'을 뜻하는 그리스어), 진정한 숨이 쉬어지길 기원해요.

  두어 시간 편지를 쓰다 보니 벌써 점심때네요. 5월의 셋째 날이라 볕은 좋은데 바람이 조금 차요. 어제 먹다 남은 설렁탕을 데워서 후루룩 먹고 볕을 쪼이러 나가야겠어요. 늘샘은 잘, 깊이 자길. 굿나잇, 그랜드 래피즈.

2021. 5. 3.
혜화동에서 정혜덕 드림

설거지가 예배가 되려면

친애하는 작가님께

　작가님은 먹방을 좋아하시는지요? 저는 태어나 단 한 번도 먹방을 처음부터 끝까지 본 적이 없답니다. 아니, 본 횟수 자체가 손에 꼽을 정도입니다. 그런데 저는 소수에 속하는 사람 같아요. 먹방은 옥스퍼드 영어 사전에도 등재될 정도로 세계인의 사랑을 받는 장르인데, 저는 도무지 눈과 귀가 가지 않네요. 사실 저는 음식에 대한 애정이 크지 않은 편이에요. 식사를 준비하거나 먹는 일 자체를 즐기지 않으니, 남이 먹는 모습에 흥미를 느끼지 못하는 건 어쩌면 당연한 논리겠지요. 저는 알약 하나로 한 끼를 해결할 수 있다면, 식사는 하루나 이틀에 한 끼 정도로 만족할 것 같아요. 먹는 일에 진심인 세상에서 이런 저, 때론 참 외롭습니다.

하지만 설거지는 참 좋아합니다. 아, 먹는 건 별론데 설거지는 좋다니! 쉽게 믿기지 않으시겠지만, 사실입니다. 그런데 이전부터 설거지를 좋아하지는 않았습니다. 계기가 있었죠.

어느 날 저는 쉬지 않고 달렸습니다. 왜, 작가님도 그런 날 있지 않나요? 머리가 엔진이라면 두뇌가 온종일 5000RPM으로 도는 날, 조금도 숨을 고르지 못하고 어지럽게 돌아다녀야만 하는 날, 집에 와서 저녁 식사를 하는데도 몸과 마음이 전혀 진정될 수 없는 날 말이에요. 그런 날이었어요. 식사를 마쳤는데도 제 마음속에 평화는 한 움큼도 없었습니다. 그런데 설거지를 하는 동안, 저는 새로운 세계를 경험했습니다. 흐르는 물소리. 부드러운 거품. 장갑을 뚫고 느껴지는 온기. 분명 온 마음을 송두리째 빼앗길 정도로 중요한 일에 함몰되어 있었는데, 그 일 때문에 심장이 1분에 100번씩 뛰고 있었는데, 설거지를 하는 동안 심장이 따뜻해지며 온갖 어두운 망념이 사라져 버렸죠. 그러면서 저도 모르게, 제 영혼이

위를 보며 한숨짓듯 속삭였습니다. "주님, 감사합니다." 그렇게 저는 하나님과 설거지 데이트를 시작했습니다.

사람끼리 데이트를 하면 영화를 보기도 하고 커피를 마시기도 하고 맛집을 찾아가기도 하는 것처럼, 하나님과 함께한 설거지 데이트도 여러 모습으로 제게 찾아왔습니다. 어떤 날은 흐르는 물 자체에 모든 감각을 집중해 그 시간을 보내는 일에 몰두했고, 또 어떤 날은 그날 있었던 일을 돌아보며 마음속으로 하나님 앞에서 일기를 쓰기도 했었지요. 마치 오랜 시간 함께 지내 온 노부부가 잠들기 전 베개에 기댄 채 정담을 조곤조곤 나누는 것처럼요.

어떤 날은 애절하게 기도를 드리기도 했습니다. 더러운 그릇을 깨끗하게 하려고 쉼 없이 흘러나오는 물을 보면서, 하나님이 그분의 영으로 저를 깨끗하게 씻어 주시기를 바라는 소망을 담아 기도했지요. 제가 가장 자주 되뇌고 곱씹는 성경 구절 중 하나가 시편 51편 10절입니다. "하나님이여 내 속에 정한 마음을 창조하시고." 누군가 먹은 흔적이 선명히 남은 지저분한 접시가 따스한 물줄기와 세제를 만나 깨끗해지는 것처럼, 도무지 음식을 담을 수 없는 그릇이 저의 부지런한 손길로 본래 모습을 되찾는 것처럼, 하나님이 제 마음을 맑게 씻어 주시기를 기도하는 거죠. 저는 설거지를 하며, 특별히 '창조'라는 단어에 깊이 빠져듭니다. 내 마음은 너무나 더러워서, 하나님이 청소해 주시는 데서 그치지 않고 새로운 마음을 '창조'해 주셔야 한다고 생각하면 얼마나 간절해지는지 모릅니다. 접시가 스스로를 청결하게 만들 수 없는 것처럼, 제가 저 자신을 새롭게 만들 수 없거든요. 설거지라는 사소한 일상을 통해, 하나님을 더욱 의지하는 저만의 '의지 연습'이랄까요. 내 의지意志가 아닌, 나를 설거지해 주시는 하나님을 의지依支하는 연습이고, 기도고, 예배랍니다.

 아, 또 어떤 날은 설거지하며 혼자 찬양 집회를 열기도 합니다. 설거지하다가 갑자기 흥얼거리는 제 모습을 작가님이 보면 실소를 터뜨리실지도 모르겠습니다만, 저에게는 꽤 자주 있는 일이랍니다. 저녁 식사를 마치고 나면, 아이들은 배가 불러 손이 좀 덜 가는 상태가 되지요. 소위 '당이 오르면', 제 두 자녀는 저나 제 안해를 잘 찾지 않더군요(그 달콤한 시간이 언제나 너무 짧지만 말입니다!). 이때 안해는 조금 휴식을 얻고, 저는 설거지에 전념합니다. 어느 정도 설거지 리듬에 익숙해지면, 그날 기분에 맞는 찬양을 골라 봅니다. 저는 워낙 가사를 못 외워서, 사실 처음부터 끝까지 제대로 가사를 외우는 찬양은 많지 않습니다. 그래서 제가 좋아하는 부분, 좋아하는 가사만 부르죠. 가사를 잊어버리면, 제 마음대로 즉흥 작사도 하곤 합니다. 그렇게 물소리, 고무장갑으로 그릇 비비는 소리, 아이들 재잘거리는 소리, 제 노랫소리가 섞여 작은 찬양 집회가 열리죠. 노래만 조금 불러도 속이 시원해지는데, 찬양하면서 설거지까지 하니, 이런 날은 설거지가 모두 끝나고 나면 발걸음이 한결 가벼워진답니다. 저 자신과 하나님만을 위한 설거지 찬양인 셈이죠.

설거지가 항상 즐거운 건 결코 아니랍니다. 어떤 날은 설거짓거리가 너무 많아서 시작하기도 전부터 피곤하고, 또 어떤 날은 몸이 고단해서 오늘의 설거지를 내일로 미루고 싶어지지요. 설거지 데이트가 늘 낭만적이진 않거든요. 그렇다고 설거지를 쉴 수 있느냐, 그건 아닙니다. 작가님도 아시겠지만, 오늘 설거지를 하지 않으면, 내일 쓸 접시가 모자란 게 우리 인생입니다. 먹기 위해, 생존하기 위해, 내일도 살아내기 위해 설거지는 결코 피할 수 없는 일상인데, 이러한 일상이 버거운 날이 종종, 아니 꽤 자주 찾아옵니다. 몸이 피곤한 날은 어떻게든 개수대 앞에 설 수 있지만, 마음이 조각조각 깨어져 버린 날은 도무지 힘이 나지 않더군요. 영혼 가장 깊은 곳에 있는 한 줌 기운까지 겨우 끌어올려 설거지를 시작했다

해도, 데이트하는 마음은커녕 짜증만 솟구쳐 오르지요.

도저히 설거지가 예배가 될 수 없을 것 같을 때, 그럴 때마다 저는 아껴 놓았던 말씀 조각을 마음 구석에서 꺼내 저 자신을 설득합니다. 꼬깃꼬깃 접어 둔 말씀 종이를 펴서 저 자신에게 선포합니다. "여호와는 마음이 상한 자를 가까이하시고"시 34:18. 우리가 산산조각 난 마음으로 하나님께 집중하지 못해 힘들어할 때, 그런 마음을 가지고 하나님 앞으로 꾸역꾸역 한 걸음씩 옮길 때, 오히려 하나님은 그런 이에게 가까이 오시는 거죠. 깨진 심장을 부여잡고 설거지를 하다 보면, 어느새 호흡이 고르게 바뀌는 제 모습을 봅니다. 하나님의 손길을 작게나마 경험한달까요. 그 작은 경험들이 쌓여 조금씩, 아주 조금씩 순례길을 걸으며 어른이 되어 가는 게 아닐까 싶습니다.

작가님에게 설거지는 어떤 일상인가요? 아니, 어쩌면 작가님에게 설거지는 지루한 일상일지도 모르겠어요. 모두에게 설거지가 예배가 될 수는 없다고 생각하거든요. 작가님은 일상 중 어떤 예배를 경험하시나요?

작가님의 이야기를 듣기 위해 온몸이 귀가 된,

하늘샘 드림

정의와 평화를 구하는 손놀림

온몸이 귀인, 귀인貴人 하늘샘께

　편지를 쓰면서 보통은 아무 수식어 없이 이름만 쓰는데, 하늘샘의 '친애하는'을 읽고 답장을 쓰려니 저도 수식하는 어구로 보답해야겠다는 생각이 들었어요. 고전적인 사랑의 느낌이 담뿍 스며든 '친애'에 걸맞는 수준의 화답을 찾다 보니 '귀인'으로 낙찰되었습니다. 게다가 편지 말미에 발신자의 이름을 적으면서 또 한 줄을 보태셨잖아요. 저의 이야기를 듣기 위해 온몸이 귀가 되어 버리셨다고요. 중생들의 고통을 살피고 돕기 위해 천 개의 손을 가진 천수관음보살을 능가하는, 인간의 몸을 구성하는 100조 개의 세포 하나하나가 귀로 변한 하늘샘이라니! 저에 대한 하늘샘의 사랑은, 귀 괴물이라는 오명을 감수하면서까지 이야기를 적극적으로 듣겠다는 수준인 것이죠. 세상이 알 수 없는, 무시무시한 사랑에 감사드립니다.

질문에 대한 답부터 두괄식으로 드리자면, 저에게 설거지는 덤입니다. 주부, 곧 가사육아노동자로 살기 시작하면서 청소, 빨래, 설거지는 저의 주 업무가 되었는데요, 아이들이 좀 자란 뒤에 다시 학교로 출근하고 글을 쓰기 시작하면서 청소, 빨래, 설거지를 가족들에게 나눠 주었어요. 반려동물과 함께 사는 5인 가족이 만들어 내는 더러움의 총량은 어마어마한데, 그걸 제가 전처럼 다 하면서 새로운 일을 감당하겠다는 생각은 꿈에서도 해 본 적이 없어요. 산재 처리도 안 되는 가사노동의 서러움을 안고 어느 날 조용히 세상과 작별하고 싶지 않거든요. 그래서 열 살 막내도 '고사리손'으로 고양이 화장실을 치우고, 빨래를 개고, 설거지를 합니다(물론, 열여덟 첫째와 열다섯 둘째가 할 수 있는 일은 훨씬 더 많습니다). 하늘샘의 '설거지에 깃든 영성'이 우리 집 주방에는 깃들 틈이 없습니다. 부엌 싱크대는 노동의 현장일 뿐이죠.

(전업으로 가사노동을 하는 분들의 경우를 제외하고) 청소, 빨래, 설거지는 어느 정도까지만 해야 합니다. 집안일은 블랙홀처럼 밑도 끝도 없거든요. 평일 저녁에 설거지를 처리하는 건 아무리 길게 잡아도 15분을 넘지 않지만, 오늘따라 왠지 싱크대와 수전의 물때가 눈에 거슬린다면? 베이킹소다를 뿌려 때를 불린 뒤에 설거지통과 수저통, 배수구 망까지 싹 닦는다면? 거기서부터 비극은 시작됩니다. 깔끔한 싱크대로는 만족할 수가 없거든요. 주방 수납장의 얼룩이 눈에 들어오고, 가스레인지의 점화 손잡이에 붙어 있는 고양이의 흰 털이 거슬리기 시작합니다. 이럴 때 냉장고를 열었다가는 큰일 납니다. 냉장고 선반과 서랍을 닦아야겠다는 생각이 드는 순간, 화장실 변기와 세탁기 거름망이 동시에 달려들어 제 양손을 붙들고 늘어집니다. 그날 글은 다 쓴 거죠.

편지를 읽으며 하늘샘이 싱크대 앞에서 기도와 찬양을 드리는 모습을 상상해 보았어요. 아름다운 장면이라 저도 그 기도와 찬양을 본받고 싶어졌답니다. 하지만 저는 하늘샘이나 로렌스 수사처럼 설거지통 앞에서 '하나님의 임재 연습'을 하지 못한답니다. 외려 분노가 치밀지 않으면 다행이죠. 예수님이 이 땅에 오신 지 이천 년이나 되었는데도 수고하고 무거운 가사육아노동의 짐을

진 여성들은 발걸음도 가볍게 주님께 나아가기가 어렵습니다. 모성 신화와 가부장제를 덧입은 복음은 여성을 낮은 자리, 섬기는 자리로 잡아당깁니다. 특히 믿음의 가정과 교회의 그런 자리에 여성들이 많으니, 마치 모태로부터 주방은 여성을 위해 예비된 공간인 것처럼 느껴질 정도예요. 성별에 따라 할 수 있는 일이 달라진다는 생각은 이제 그만할 때도 되었는데 말이죠. 저는 싱크대 앞에서 정의와 평화를 구하는 기도를 올리고 싶네요. '주님, 오늘도 묵묵하게 싱크대 앞에서 설거지하는 여성들의 한숨을 들어 주소서. 그리고 설거지는 성별과 상관없이 밥을 먹은 사람이면 누구든 하게 하소서'라고요.

설거지와 같은, 머리는 쉬면서 몸은 움직이는 작업을 할 때는 기도와 찬양이 가능하지요. 하지만 머리를 쓰는 일을 할 때는 불가능합니다. 그러면 일이 제대로 안 될 테니까요. 저는 학교에서 고등학생들에게 문학과 글쓰기를 가르치면서 글도 쓰고 있는데요, 이런 일들은 육체노동이라기보다는 정신노동에 가까워, 일하면서 주님을 생각할 수가 없습니다(아이고, 주여!를 외칠 때도 있지만 그건 일하다가 사고를 쳤을 때죠). 점심을 먹고 소화 시키기 위해 짧은 산책을 다녀오곤 하는데, 그럴 때는 어떻게든 자연을 조금이라도 눈에 담고 싶어서 주님은 또 뒷

전이죠. 이런 식으로 저의 얄팍한 믿음의 실체가 드러나니 민망하네요.

쉰을 바라보는 나이 덕분에 작은 일에 흥분하는 일은 줄어들었습니다만, 가끔 정수리에 김이 몰리는 느낌이 들 때가 있습니다. 눈의 실핏줄이 벌게지고 콧김 소리가 들릴 때, 조용히 지갑에서 묵주를 꺼냅니다. 저는 2021년에 장로교에서 성공회로 이적을 했는데요, 성공회 교우가 되어서 좋은 점 중 하나는 묵주기도를 드릴 수 있다는 거예요. 특히 분심憤心, 억울하고 원통한 마음을 가라앉히기에 좋다고, 묵주기도를 가르쳐 주신 신부님께서 말씀해 주셨어요. 뭐든 처음 하는 건 어색하고 낯설어요. 통성기도, 침묵기도, 방언기도 할 줄 알면 되었지 뭘 묵주기도까지…. 별로 내키지 않았는데, 곧 뚜껑이 열릴 일이 생겼죠. 묵주 알을 하나씩 넘기면서 성 프란치스코가 드린 기도의 첫 구절, '주여 저를 평화의 도구로 써 주소서'를 반복하다 보니 어느새 차분해진 저 자신을 발견하게 되었어요.

그 뒤로 출근할 때면 묵주를 지갑에 넣고 나갑니다. 실수와 잘못은 내 힘으로 막을 수 없지만 거기에 불평과 원망을 추가하지 않을 수는 있으니까요. 저의 일터인 학교에서 마주치는 학생들과 동료 선생님들 사이에서 평화를 이루는 것이 제가 삶에서 드릴 수 있는, 드리고 싶은 예배입니다. 이 평화는 저의 힘으로 이룰 수 있는 것이 아니더라고요. 열에 아홉은 교양과 체면에 의지하는 저 자신을 발견하게 됩니다. 저의 평화를 위협하는 사람을 향해 공익광고에 나오는 미소를 띠면서 '나는 너보다 나은 사람이라 너처럼 화를 내지 않는다'라고 속말을 하고 있거든요. 너무 끔찍하죠. 이러니 '주여, 저를 불쌍히 여기소서'로 묵주기도를 드릴 수밖에요.

삶과 예배가 분리되지 않고 하나라면, 거기에는 분명히 정의와 평화의 열매가 맺힐 거예요. 저의 싱크대와 책상과 학교의 교탁 모두에서 그 열매가 풍성하게 맺히기를 바라는 마음입니다. 이쯤에서 신학을 공부하는 목회자는 어떤 때에 삶과 예배가 따로국밥이 되는지, 언제 둘 사이에서 괴리감을 느끼는지 궁금하네요. 계신 곳은 추위가 빨리 찾아오는 곳이라고 들었어요. 따뜻한 차를 자주 드시면서 마음도 덥히시길.

따로국밥을 맛볼 날을 기다리며,

정혜덕 드림

쓰레기를 채우고 버리고

기도하며 덕을 건져 내시는 정혜덕 작가님께

    편지를 받는 사람의 이름을 쓸 때 큰 기쁨을 누린다고 하셨지요. 저도 그렇습니다. '바쁘다 바쁘다 현대 사회 알쏭달쏭한 스마트세상'을 사는 우리에게 이렇게 잠시라도 어딘가에 몰두할 수 있는 시간이라니요! 작가님처럼 편지를 받아 주실 분이 계시다는 게 얼마나 감사한지 모릅니다. 저에게 편지 쓰기란 '몰입flow'의 기쁨을 주는 강한 각성제와도 같습니다. 헝가리 심리학자인 미하이 칙센트미하이Mihaly Csikszentmihalyi가 이 개념을 창시했다고 하죠. 흐르는 물에 우리 자신을 온전히 맡기는 것처럼, 어떤 행위 속에 깊이 빠져드는 기분, 그런 기분을 편지를 쓸 때마다 느낍니다. 마치 세상에 저 자신과, 글자와, 수신자밖에 없는 듯한 착각에 빠지죠. 평소 눈알을 굴리며 세상이 어떻게 돌아가는지 빠르게 확인하던 저도, 편지만 쓰면 집중의 마력에 빠져듭니다. 누군가에게는 명상이 인격 수양의 버팀목이라 하겠지만, 저에게는 편지 쓰기와 설거지가 그 자리를 꿰차고 있다고 말씀드릴 수 있겠습니다.

앞서 편지에서 바깥일과 집안일의 균형에 대해서 말씀해 주셨습니다. 사실 이 균형은 저와 제 안해가 가장 많이 다루는 대화 주제이기도 합니다. 정기적으로 가족회의를 열어 서로의 의무를 재조정하지요. 대학교 다닐 때 '팀플'을 참 싫어했는데, 남이었다가 님이 된 사람과 살다 보니, 행복한 인생에서 '팀플'은 필수라는 깨달음을 얻어가고 있습니다. 그리고 이 균형을 얻기 위해 서로 타협합니다. 혹시 〈클로저Closer〉(2004)라는 영화를 보셨는지 모르겠습니다. 영화의 주인공인 래리가 명언을 던집니다. "너는 사랑의 시옷도 몰라. 타협이 뭔지 모르기 때문이지." 행복도, 인생도, 사랑도 타협에 달리지 않았나 추측해 봅니다.

말씀하신 대로 설거지 가운데 임재를 느끼기란 결코 쉬운 일이 아니라고 생각합니다. 저 역시도 그렇습니다. 죽어도 설거지하기 싫은 날이 있습니다. 안해에게 삐진 날, 하나님께 서운한 날, 눈알이 빠져 버릴 듯 피곤한 날, 영혼이 사막인 양 말라 쩍쩍 갈라지는 날. 그런 날은 설거지도 절대 하기 싫은데, 설거지 가운데 임재 연습은 꿈도 꿀 수 없습니다. 과감하게 설거지를 버리기도 하고, 설거지를 버릴 수 없다면 임재 연습이라도 내려놓습니다. '하나님, 도저히 못 하겠습니다'라고 한숨 쉬듯 고백하며 백기를 들어 버립니다.

그럼에도 작가님에게 설거지 가운데 하는 임재 연습에 대해 편지를 쓴 이유는, 또 제가 설거지 가운데 하나님을 찾아보려고 하는 이유는 간단합니다. 저는 영성이 운동과 비슷하다고 생각하기 때문입니다. 따듯한 마룻바닥에 누워 일어날 힘도 생각도 없는 사람에게 스쿼트를 요구할 수 있을까요? 설거지는커녕 요리할 힘도 없는 사람에게 설거지를 기대할 수 없겠죠. 그러나 힘든 이에게도 어떤 날에는 일어날 힘이 생깁니다. 아침은 밝아오죠. 조금의 여유가 있을 때, 조금이라도 근육을 키워 놓는다면 더 건강해질 수 있습니다. 설거지 기도도 마찬가지라고 생각합니다. 정말 삶이 너무 힘든 사람에게

"설거지하면서라도 기도하시오!"라고 말할 수 없겠죠. 하지만 어느 날, 한 달에 한 번이라도 몸과 마음의 여유가 있는 날, 작은 임재 연습에서 시작해 보는 건 어떨까, 하고 생각해 봅니다. 하루가 이틀이 되고, 이틀이 사흘이 되겠지요. 영혼의 근육이 붙으면, 설거지 가운데 임재를 꽤나 자주 경험하게 되지 않을런지요?

작가님의 편지를 받고 지금 답장을 쓰기 전, 저는 코로나에 걸렸습니다. 백신을 맞았는데도, 호되게 얻어맞았죠. 처음 사흘은 거의 제정신이 아닌 상태로 보냈습니다. 만약 그때 저에게 누군가 "아무리 아프더라도 일상이 예배가 되게 하라!"고 말하면 저는 얼굴이 뻘겋게 되도록 화가 났을 겁니다. 그런데 시간이 지나면서 몸이 많이 나아졌죠. 감사하게도 바이러스와의 전쟁에서 이긴 것 같았습니다. 이제 일상으로 돌아올 때가 되었죠. 원래는 침대와 일체가 되었었는데, 조금씩 걸었습니다. 저는 일상 가운데 예배를 경험하는 일도 비슷하다고 생각합니다. 바닥에 힘없이 엎드려 있는 사람에게 일어나 마라톤을 뛰라고 할 수는 없겠죠. 하지만 설 힘이 있는 사람에게는 걷기를, 걸을 힘이 있는 사람에게는 뛰기를 도와주는 게 그 사람에게 큰 보탬이 되리라 생각합니다.

편지의 꼬리 부분에 제게 질문을 하나 던지셨지요. 목회자에게도 삶과 예배가 따로국밥이 되곤 하는지, 둘 사이에서 괴리감을 느끼는지, 라는 물음이었습니다. 저는 그 질문에 우렁찬 "네!"로 대답하기 원합니다. 목회자는 영성 귀족이 아닙니다. 혈통이나 영통靈統으로 내려오는 비기나 마법은 없어요. 저희는 결코 예배 영재가 아닙니다. 예배와 삶이 따로 노는 날이 많습니다. 밀물처럼 은혜가 몰려오는 날이 있는가 하면, 썰물처럼 내 영혼의 생기가 모조리 사라져 버리는 날도 있죠. 또 예배와 삶의 간극이 유독 크게 느껴지는 날이 있습니다. 어쩌면 일상이 예배가 되고 매 순간이 주님과의 데이트가 되는 날보다, 그렇지 않은 날이 많은 것 같기도 합니다.

　　유독 영혼에 먹구름이 끼는 날에 저는 쓰레기를 버립니다. 제가 사는 집에는 쓰레기통이 하나밖에 없어요. 하지만 쓰레기는 집안 곳곳에 흩어져 있죠. 어린 두 아이는 헨젤과 그레텔이 빵 부스러기를 버리는 것처럼 흔적을 남기거든요. 그렇게 온 집안을 돌아다니며 쓰레기를 쓰레기통에 모읍니다. 그리곤 쓰레기 봉지를 들고 쓰레기장으로 가죠. 쓰레기 봉지를 어떻게든 가득 채우려는 제 욕심 때문에, 그 봉지는 언제나 무겁습니다. 그 봉지의 무게를 온전히 견디는 두세 손가락에 가해지는 압력과 고통을 생각하며, 저는 짧게 기도하곤 합니다. "주님, 집 안에 있던 쓰레기를 가차 없이 버리듯, 제 안의 찌꺼기들도 모두 사라지게 하옵소서."

혹자는 기독교가 비움의 종교가 아니라 채움의 종교라고 합니다. 저는 그 말도 맞다고 생각합니다. 우리는 어떤 의미에서 '무'를 추구하지 않죠. 비우는 데서 끝날 수 없습니다. 우리는 하나님이 무에서 유를 창조하셨다고 믿기에, 우리 영혼 가운데 '무언가' 있어야 한다고 믿죠. 우리 마음 가운데 있는 짐을 버리는 일도 중요하지만, 빈 마음에 하나님을 초대하는 일이 더욱 중요하다고 이야기하곤 합니다.

다 맞는 이야기입니다. 그런데 때로 우리는 너무 채움에 매달린 나머지, 비우는 영성을 간과하는 듯합니다. 집에 아무리 좋은 물건이 많아도 쓰레기가 쌓여 있으면 살 수 없는 것처럼, 마음을 깨끗하게 비우는 연습도 필요하죠. 어쩌면 우리가 생각하는 영성은 '무언가 해야 하는 영성' '바쁜 영성'이라는 색채만 무척 강하다는 생각이 듭니다. 어쩌면 저도 앞서 보낸 편지에서 '설거지하며 무언가 하는 영성'을 이야기했는지도 모르겠습니다.

쓰레기 봉지를 던져 버리고 나면, 손이 가볍습니다. 몸과 함께 마음도 가벼워진 저는, 다시 기도합니다. "주님, 제 안에 있는 쓰레기와 같은 짐은 무엇일까요?" 집으로 오는 짧은 거리를 걸으며, 버리고 싶은 저의 욕심과 욕망과 질투와 시기와 모든 죄상을 토로하고 버려 버립니다. 무거운 몸, 무거운 마음으로 갔다가 돌아오는 길, 그 길에서 저는 한걸음 한걸음이 가벼워짐을 느낍니다.

쓰레기의 무게로부터 자유를 얻고 나면, 저도 모르게 떠오르는 말씀이 있습니다. "수고하고 무거운 짐 진 자들아 다 내게로 오라. 내가 너희를 쉬게 하리라"마 11:28. 집안의 쓰레기만 버려도 이토록 가벼운데, 마음의 짐은 오죽할까요? 마음에 무겁고 더러운 돌들을 가득 갖고 있으면서, 그 돌들이 없으면 마치 죽어 버릴 것처럼 두려워했던 저 자신이 너무 미련하게 느껴집니다. 된장인 줄 알고 고이 모시고 있던 장독들을 열어 보니, 사실은 똥이었던 셈이죠. 버리고 나서야 그게 제 영혼의 목을 조르고 있었다는 사실을 깨달았답니다. 작가님은 몸과 마음이 무거워질 때 어떻게 하시나요? 작가님의 마음속에는 어떤 쓰레기가 있는지요? 무척 궁금합니다.

답장에 대한 호기심의 무게로 완전히 납작해진,
하늘샘 드림

저의 일터인 학교에서 마주치는
학생들과 동료 선생님들 사이에서
평화를 이루는 것이
제가 삶에서 드릴 수 있는,
드리고 싶은 예배입니다.
이 평화는
저의 힘으로 이룰 수 있는 것이
아니더라고요.

마음을 녹이는 목련 꽃눈과 매화 꽃봉오리

호떡이 되신 하늘샘께

이 호칭은 하늘샘이 자초한 겁니다. 편지 말미에 '답장에 대한 호기심의 무게로 완전히 납작해진'이라는 수식 어구를 쓰셨잖아요. 납작하기로는 보도블록에 붙은 껌부터 쥐포까지 다양한데, 저는 제일 먼저 호떡이 생각났어요. 저녁을 먹고, 점심에 딸이 설거지를 한 번 했기 때문에 또 시킬 수가 없어서 제가 (기도 없이) 설거지를 하고, 막 다시 책상에 앉은 찰나입니다. 포만감이 확실히 느껴질 정도로 밥을 먹었는데도 '납작'이라는 단어에 호떡이 바로 소환되네요. 무의식에 깔린 어설픈 개 그 본능이 스멀스멀 기어 나와 '호기심'과 운을 맞춘 걸까요?

    글을 쓰는 사람에게 호기심은 두부나 닭가슴살과 같아요. 단백질을 먹어야 몸의 세포가 생생하고 탱글탱글하듯 호기심을 원활히 공급해 줘야 하얀 화면을 검은 글자로 메울 수 있지 않겠어요? 저는 보통 호기심이 차오르면 평소보다 마음이 동동 떠요. 오, 평소에는 안 보이던 것이 보이네. 얼른 써 보자. 신난다! 반면에 호기심이 없을 때 납작해지죠. 그런데 호기심에 납작해지는 사람이라니, 바로 호기심이 발동할 수밖에 없었어요. 음… 설마 내가 혹은 내 글이 호떡 누르개 역할을 하고 있나?

    평소에 늘샘이 제 글을 자주 칭찬해 주셔서 진심으로 감사해요. 그런데 그 칭찬이 늘샘에게 부담으로 작용한 건 아닌지 모르겠어요. 늘샘은 논문을, 저는 에세이를 쓰는 사람이라 이 서신 교환에서 부담이 적은 쪽은 당연히 저예요. 저는 유명한 작가도 아니고 위대한 산문을 쓴 적은 더더욱 없어서 수다를 떨듯 글을 쓰거든요. 얼마 안 되는 제 독자들이 이 세상을 떠난 뒤에도, 제 글이 불멸의 고전처럼 오고 오는 세대에 계속 읽힐 거라는 생각은 안 해요. 단지 맥락이 널뛰기를 하는 글은 안 쓰려고 애를 쓸 뿐이죠. 그래도 작가이긴 하니까, 늘샘이 '정 작가님'에게 (넓게 보면 산문에 포함되는) 편지글을 보낼 때 좀 부담스러울 수 있을 것 같아요(제가 늘샘에게 제 석사 논문을 보낸다고 생각하니 순식간에 안으로 자취를 감추는 소라게가 되네요). 늘샘, 글을 잘 쓰고 싶다고 하셨잖아요. 혹시 **저보다** 잘 쓰고 싶으신 걸까요? 늘샘이 사용한 단어를 곰곰이 짚어 보다가 생각이 꼬리물기를 하고 여기까지 왔네요.

설거지나 쓰레기 버리기 같은 자잘한 일들 말고 본업을 잘하고 싶은 마음은 묵직해요. '대충 하고 치우련다' 같은 자세로는 돈을 벌기 어렵고, 직업에 대한 자긍심을 가질 수도 없죠. 글을 잘 써서 '소명'에 충실하고 싶어요. 제가 가장 드리고 싶은 예배는 저의 본업을 제물(?)로 바치는 것이랍니다. 제게 몸과 마음이 무거워질 때 어떻게 하냐고 물어보셨는데, 저는 글이 안 풀릴 때인 것 같아요. 저한테는 딱 제 수준으로 글을 쓸 수 있는 능력밖에 없는데, 슬금슬금 위대한 작가들의 산문을 곁눈질해요. 제가 쓸 수 없는 글을 쓰려고 발버둥을 치는 순간 몸도 마음도 묵직해지더군요.

작년에 생애 최초로 청소년 에세이에 도전했는데, 얼마나 헤맸는지 몰라요. 구상할 때부터 자신이 없었어요. 이미 중년이고 학교에서 학생들을 가르치는 입장이니 말이 좋아 선생이지, 꼰대잖아요. "선생 똥은 개도 안 먹는다"는 말, 혹시 아세요? 세상에는 훌륭한 선생님이 많고 저도 그분들의 도움으로 사람 꼴을 갖추었지만, 남한테 일해라 절해라 하는 직업에 오래 종사하다 보면 참견과 훈시를 한여름 휴가철에 아이스 아메리카노 들이키듯 하게 된다고요. 그런 제가 청소년이 읽을, 청소년의 모습이 담긴 에세이를 쓰려고 보니, 자신감이 어디로 갔는지 아무리 찾아도 나올 생각을 안 하는 거예요.《아무튼, 목욕탕》(위고)을 좋아해 주신 독자들의 성원에 힘입어 전국 각지의 목욕탕에 찾아가서 원도 한도 없이 목욕하고《팔도 목욕탕 유람기》를 쓸 걸, 후회했지만 소용이 없었어요.

다행히 좋은 편집자님을 만나서 원고를 완성하고 출간을 했지만, 잃어버린 자신감을 회복하기는 어려웠어요. 그래서 내가 잘 쓸 것 같은 이야기를 쓰면 납작하게 눌렸던 마음이 펴지겠지? 하면서 야심차게 새 시리즈에 도전했어요. 어머, 웬일이래. 진도가 안 나가는 거예요. 미로에 들어간 기분이 들었어요. 앞으로 나가지도 못하겠고 그렇다고 뒷걸음질 칠 수도 없고. 3주 내내 안 풀리는 꼭지를 붙들고 이리 굴리고 저리 굴리다가 눈물을 찔끔 흘린 적도 있어요. 아무래도 난 여기가 끝인가 하는 생각이 드니까 고개가 툭 떨어졌어요. 잘하고 싶다는 욕구가 욕망이 되어 욕심의 쓰레기봉투를 꽉 채워 버린 거죠.

늘샘, 제게 몸과 마음이 무거워질 때 어떻게 하냐고 물어보셨죠? 코로나 바이러스가 온 세상을 뒤덮기 전에는 목욕을 했어요. 목욕 도구를 챙겨서 길 건너 목욕탕에 갔죠. 하지만 목욕하다 죽을 수는 없으니까, 아쉽지만 뜨끈한 탕에 들어가는 건 포기하고 운동화를 신어요. 동네 산책을 나섭니다. 목표 지점은 언덕 너머 옆 동네의 빵집인데요, 여러 코스가 있어요. 제가 사는 동네는 아파트가 별로 없는 서울 강북의 옛 주택가거든요. 빠르게 걸으면 20분이면 도착할 수 있는데, 빵이 간절한 날에만 최단 코스를 이용하고 평소에는 골목골목을 거쳐 40분짜리 도보 여행을 즐겨요. 빨리 걸으면 운동이 될 텐데, 천천히 걸으면서 식물을 관찰하죠.

식물의 세계에 관심을 가진 지 햇수로 6년째예요. 식물 관찰은 제가 먹고 살기 위해 하는 일들과 별다른 관련이 없어요. 순수한 호기심 그 자체로 충만한 아마추어죠. 하지만 그저 식물을 자세히 들여다보기만 해도 전에는 보지 못하던 것을 볼 수 있어요. 신학적인 용어를 빌리면 일반계시, 또는 자연계시라고 말할 수 있을 텐데, 여기서 〈주 하나님 지으신 모든 세계〉(새찬송가 79장)를 BGM으로 틀지는 말아 주세요. 이 찬송가에 특별히 불만이 있어서가 아니라, 자연 만물의 존재와 모습을 하나님의 은혜와 섭리로 황급히 몰아가면 미세한 부분을 놓칠 수 있어서 그래요.

입춘이 막 지나서 봄이 가까운 듯하지만 봄 기운은 아직이에요. 이맘때 볼 수 있는 건 나뭇가지 중간과 끝에 달린 겨울눈뿐이죠. 그런데 이 겨울눈을 들여다보는 재미가 쏠쏠해요. 늘샘이 사는 그랜드 래피즈에도 목련이 있나요? 목련 나뭇가지 끝에서 햇빛에 은은하게 반짝이는 은회색 꽃눈을 보고 있으면 시간이 어떻게 흐르는지 잠시 잊어요. 양지바른 곳에 심긴 매화나무가 꽃눈을 부풀릴 준비를 하는 모습이 눈에 들어오면 이미 마음은 녹기 시작하죠. 몸과 마음을 가볍고 따뜻하고 촉촉하게 만드는 데는 식물 관찰이 최고라고 생각해요. 옷을 두툼하게 껴입고 한자리에 앉아 식물을 관찰하면 평소에는 보지 못하던 새들을 만나기도 한답니다. 일종의 사은품이랄까요?

우리가 자연을 떠나 콘크리트 빌딩숲에 살기 시작한 뒤로 많은 것을 잃어버렸죠. 인간이 에덴동산에서 쫓

겨났을 때 '타락'했다면, 자연과 멀어졌을 때는 '쇠락'했달까요. 자연을 이용하고 착취하다가 자신이 자연의 일부라는 사실을 잊어버린 거죠. 지금 전 지구적으로 겪고 있는 감염병도 그 사실을 망각한 데서 기인했죠. 늘샘, 제가 늘샘이 계신 곳에 대해 잘 모르고 늘샘의 처지도 속속들이 알 수는 없지만, 서울보다 훨씬 자연을 누릴 수 있는 곳일 거라 짐작해요. 자연을 만끽하시길. 휙 지나치지 말고 자세히 보시길. 나태주 시인이 말했던 것처럼 자세히 보아야 얼마나 사랑스러운지 알 수 있어요. 몇십 년 동안 꾸준히 관찰하면 조금은 진보가 있지 않을까, 기대하고 있답니다. 자연의 창조자에 대한 예배도 더 깊어질 테고요.

    몇 마디 안 썼는데 수다를 마무리할 지점에 와 버렸네요. 모쪼록 아프지 마시길. 우리, 바이러스보다 더 끈질기게 생의 의지를 불태우자고요. 다음 편지에는 늘샘의 산책 코스에 대해 들려주세요. 그곳에서 주님의 어떤 위대하심을 보고 들었는지 궁금해요.

초보 식물애호가
정혜덕 드림

초록색의 하나님을 바라보는 오후

식물을 사랑하시되, 끝까지 사랑하시는 정혜덕 작가님께

    호떡과 닮은 구석이라곤 달달하고 달콤하다는 점밖에 없는 저를, 그런 저를 감히 호떡이라고 부르시는 작가님의 용기와 기상을 칭찬해 드리고 싶습니다. "나한테 이런 건 네가 처음이야" 같은 느낌이랄까요? 그런데 그 호칭은 제가 자초했다는 말씀, 동의하지 않을 수 없습니다. 정말로 호기심에 납작해졌기 때문이죠. 아니, 호떡은 제가 느끼는 호기심의 무게에 비하면 너무 두툼해요. 피자 중 가장 납작한 나폴리 피자처럼, 제 이웃 멕시코 친구가 끼니 때마다 먹는 토르티야처럼, 그렇게 저는 납작해집니다. 작가님의 답장을 향한 불타는 호기심 때문에요.

　글을 쓰는 사람에게 호기심은 단백질과 같다고 하셨지요. 그 말에 참으로 동의합니다. 저는 그 호기심의 뿌리가 '차이'에 있다고 생각합니다. 작가님과 저는 참 다르죠. 성姓도 다르고, 성性도 다르며, 성정性情도 다릅니다. 나이와 세대도 조금 다르고, 살아온 삶이 다릅니다. 더불어 무엇보다 작가님과 저는 회로가 다릅니다. 생각하는 방식이 다르다 보니, 글이 다릅니다. 사람마다 글이 풍기는 냄새가 다른데, 작가님이 쓴 글에서는 갓 지은 밥 냄새가 납니다. 따듯하고, 부드럽고, 촉촉하죠. 저의 뇌를 배고프게 하는, 제 뇌가 먹고서 새로운 글감을 찍어낼 수 있게 해주는, 귀한 밥 같은 글을 늘 써 주십니다. 영화 〈라따뚜이Ratatouille〉(2007)에 레미라는 생쥐 요리사가 나오는데요, 그 친구는 무언가 진귀한 조합, 딸기와 치즈 같은 묘한 조합으로 음식을 먹으면 머릿속에서 불꽃놀이가 일어난다고 하더군요. 저는 작가님의 글밥을 찬찬히 씹어먹고 나면, 두뇌가 호기심으로 가득 차 새로운 글을 쓰지 않고는 견딜 수 없는 상태가 됩니다.

　작가님에게 편지 쓰는 일이 부담스러울 것 같다고 하셨는데, 제 마음을 그대로 읽으셨습니다. 맞아요. 부담스러워요. 저는 키가 작은 편입니다. 청소년일 때는 정말 슬프고 화가 났어요. (지금도 쬐금 억울합니다.) 그때 생긴 습관이 하나 있습니다. 나보다 키가 큰 사람 옆에는 잘 가지 않습니다. 특별히 사진 찍을 때는 나와 비슷한 사람 옆에 서고, 키 큰 사람 옆에서는 까치발을 합니다. 글도 마찬가지예요. 저의 알량한, 여름철 외할머니가 입으시던 삼베옷처럼 얇디얇은 자존심 때문에, 잘 쓴 글 옆에 제 글을 두고 싶지 않아요.

그런데 키와 글은 다르다는 생각을 하게 되었어요. 키는 키울 수 없습니다. 예수 그리스도가 키작남들에게 주시는 위로의 말씀, 포기를 부르는 말씀이 있죠. "너희 중에 누가 염려함으로 그 키를 한 자라도 더할 수 있겠느냐?"마 6:27 저는 제 작은 키가 슬플 때마다, 큰 키로 긴 코트와 예쁜 면바지를 소화하며 지나가는 멋쟁이가 부러울 때마다 이 말씀을 곱씹었습니다. 그런데 글은 다르죠. 물론 지금 당장은 작가님 글과 제 글이 나란히 배치될 생각을 하면 아득합니다. 작가님의 글을 읽으면 제가 작아집니다. 그러나 작가님의 글을 씹어먹고 소화하면서, 그리고 제 글을 꾸준히 작가님 글 옆에 세워 보면서, 제 글의 키가 새 나라의 어린이처럼 쑥쑥 자라나는 게 느껴집니다. 작가님보다 잘 쓰고 싶냐고 물으셨는데, 까치발을 했을 때 비슷한 키가 되면 좋겠다는 욕심은 품고 있습니다.

이번에 주신 편지에서 가장 마음에 쏙 드는 부분은, 식물에 대한 이야기였습니다. 피조 세계의 존재와 모습을 하나님의 은혜와 섭리로 성급히 몰아가면 미세한 부분을 놓칠 수 있다고 하셨는데, 십분 공감합니다. 근데 저는 어떤 의미에서 반대로 생각하고 싶어요. 이 창조 세계가 정말 하나님이 주신 선물이라면, 오히려 더 자세히 들여다보아야 하지 않을까요? 하나님을 사랑한다고 말하면서 이웃을 사랑하지 않는 것만큼, 위대하신 하나님을 믿는다고 하면서 창조 세계를 깊이 묵상하지 않는 일도 참 이상한 일이라고 생각합니다. 그렇지요? 그런 걸 자가당착이라 하지 않을까 싶어요. (눈치채셨는지 모르겠는데, 저는 자연自然이라는 단어를 썩 좋아하지 않습니다. 이 세계는 "스스로(자) 있다(연)"고 생각하지 않아요. 하나님이 만드셨고, 하나님이 다스리고 계시니까요.)

작가님은 저에게 산책 코스에 대해 물으셨습니다. 그리고 주님의 위대하심을 산책 가운데 어떻게 느끼는지 물어보셨죠. 짧은 답과 긴 답이 있습니다. 짧은 답을 먼저 드리자면, 저는 산책을 자주 하지는 않습니다. 바쁘기 때문이죠. 산책은 한가하게 이리저리 거니는 일인데, 한가하지도 않고, 이리저리 거닐지도 않습니다. 가야 할 곳을 많이 걸어갑니다. 게다가 산책 가운데 하나님의 위대하심도 느끼지만, 저는 그것보다 그분의 신실하심을 느낍니다. 그래서 저는 늘 "걷기가 하나님의 신실하심을 찬양하는 예배가 되려면?"이라는 질문을 저 자신에게 던지곤 합니다.

제가 사는 미시간의 그랜드 래피즈는 겨울이 깁니다. 대충 11월부터 4월까지는 겨울인 거 같아요. 거의 1년의 절반이 겨울이죠. 공기 자체가 무척 차가운데, 바람도 날카로워요. 영하 20도 정도는 기본으로 떨어집니다. 날씨만 춥다면 얼마나 좋을까요? 미시간의 겨울은 눈이 많이 오고, 그래서 흐린 하늘이 며칠이고 계속 이어집니다. 걷기 딱 좋은 날씨죠! 목도리, 비니, 장갑, 마스크, 두꺼운 패딩으로 중무장을 합니다. 숨을 들이마시기 싫을 정도로 차가운 공기지만, 갈 곳이 있으면 자주 걸어갑니다. 개마고원에라도 온 것처럼 마음을 단단히 먹고 걷기 시작하면, 몸이 딱딱해집니다. 두뇌도 굳어 버리죠. 사람을 차별하지 않는 설장군 앞에 이성이 마비됩니다. 그 와중에 육체 가운데 유일하게 노출된 '눈'을 들어 세상을 보면, 세상은 그저 하얗습니다. 눈구름이 많은 날은 하늘이 뿌옇게 닫혀 버린 것만 같습니다.

몸은 차갑고, 머리는 멈추고, 눈은 하얀 눈발에 시

린 그 순간, 제 눈에 항상 들어오는 색이 하나 있습니다. 바로 초록색입니다. 압도적인 설원도 숨기지 못하는 색, 얼굴 중 유일하게 가리지 않은 눈동자를 그 색은 파고듭니다. 미시간의 겨울도 상록수의 그 푸르름을 감추지 못합니다.

하나님은 무슨 색이실까요? 물론 하나님은 영이시기에 색이 없으십니다. 그런데 저는 하나님을 은유적으로 묘사할 수 있는 색깔 중 초록색을 가장 좋아합니다. 16세기 종교개혁을 이끌었던 지도자 중 장 칼뱅 선생님은 하나님을 상록수에 비유하여 설명합니다. 그러면서 하나님은 언제나 푸르시다, 다른 나무는 잎을 잃을지라도 하나님은 변하지 않으신다고 이야기하죠. 달리 말해, 하나님이 신실하시다는 이야기입니다.

하나님을 묘사하는 단어는 셀 수 없이 많습니다. 작가님이 말씀하신 것처럼, 하나님은 거대한 피조 세계를 만드시고 다스리시는 '위대한' 분이시죠. 그러나 저는 '위대함'만큼 '신실함'이 중요하다고 생각합니다. 성경에서 '인자하심'이라고 번역하는 본래 단어, '헤세드'라고 발음하는 그 단어는 확고부동, 즉 신실함을 가리킵니다. 우리가 흔들려도 흔들리지 않으시는, 우리가 하나님을 떠나려고 해도 우리를 떠나지 않으시는, 우리가 하나님을 미워해도 우리를 사랑하시는 그 사랑, 그게 바로 신실함, '헤세드'입니다.

저는 미시간의 혹독한 겨울을 지내며 많이 걷습니다. 눈발 때문에 한 치 앞도 보이지 않고 두 눈을 제대로 뜨기도 어려울 때, 온통 하얀 세상 가운데서 초록 나무, 상록수에 집중합니다. 그리고 기도합니다. "주님, 제 삶이 이 눈 폭풍과 같습니다. 앞길이 보이지 않습니다. 다음 걸음을 어디로 향해야 할지 저도 모르겠습니다. 그러나 상록수를 봅니다. 이 모진 겨울 가운데 변하지 않는 푸르름을 봅니다. 거기서 하나님을 봅니다. 모든 게 변하는 세상 가운데, 변하지 않으시는 주님을 봅니다. 초록색 주님을 의지합니다. 나를 위해 십자가에 죽으신 초록색 주님을 바라봅니다."

상록수를 째려본다고 눈보라가 그칠까요? 결코 그렇지 않습니다. 그런 적은 아직 한 번도 없었습니다. 어지러운 제 삶도, 복잡다단한 이 세상도 제가 기도한다고 한순간에 정리되지는 않더군요. 그러나 상록수를 바라보면, 초록빛 주님을 붙잡으면, 어쨌든 한 걸음 더 나아갈 힘을 얻습니다. 장차 가려고 했던 곳에 도착하고, 그렇게 걸어가다 보면 천국 문을 두드리겠죠. 저는 걸으며 신실하신 주님을 예배하고, 걸으며 신실하신 주님께 기도합니다.

    우습게도 저는 지금 한국에서 이 편지를 쓰고 있습니다. 한국에서 걸을 때는 또 조금 다르게 예배하게 되더군요. 그 이야기도 하고 싶은데, 오늘은 여기서 마침표를 찍어야겠네요. 작가님과 같은 시간에 지내고 있다고 생각하니, 그것도 좀 묘하네요. 이번에도 따스하고 촉촉한 글밥을 기대하겠습니다.

    목을 곧게 뻗어, 날아올 편지를 기대, 고대, 소망하며,
                                  하늘샘 드림

고통을 뛰어넘는 힘은 덕질에서

목을 뽑아 두리번거리는 미어캣이 되신 하늘샘께

목사 안수를 받기 위해 한국에 오셨다는 이야기를 뒤늦게 들었습니다. 오랜만에 돌아온 고국과 모교회는 전과 다르게 느껴졌는지 궁금합니다. 우리는 이제 같은 시간을 살고 있네요. 비록 이메일이지만 저의 문장이 '따스하고 촉촉한 글밥'이 되기를 잠시 빌었습니다. 저의 편지를 기다리시는 분께 갓 지은 밥과 같은 서신을 드리고 싶은 마음이 간절해졌어요. 우리 모두는 관심과 사랑이 필요하니까요(오죽하면 제가 학생들에게 저의 호를 '관종'

이라고 소개하겠습니까).

앞 편지에서 늘샘은 '하나님의 신실하심'을 묵상하며 걷는다고 했어요. 저는 그 편지를 읽으며 흰 눈이 쌓인 미시간의 숲길을 걷는 아담한 남자를 상상했습니다. 눈에 콩콩 찍힌 발자국과 찻주전자의 주둥이에서 흘러나오는 듯한 가는 입김을 보았지요. 상록수의 하나님, 초록빛의 하나님이라니! 늘샘의 이메일에서 편백나무 향을 맡을 줄은 몰랐어요. 그 향기에 취할 뻔 하다가 퍼뜩 정신을 차렸답니다. 사계절 동일하신 하나님, 변함없으신 하나님의 신실하심을 묵상하려니 속에서 무언가 치받히는 기분이 들더라고요. 오늘 제 편지가 조금 격하더라도 널리 혜량해 주시기를 바랍니다.

제가 20대와 30대에 즐겨 불렀던 찬양 중에 〈신실하신 하나님(주님 보좌 앞에 나아가)〉이라는 곡이 있어요. 예수전도단에서 번역해 국내에 소개한 곡인데, 늘샘도 아실까요? 우리 사이에 십여 년의 나이 차이가 있지만 나름 스테디셀러니까 모르시지 않겠죠. 굳이 가사를 적자면 아래와 같습니다.

주님 보좌 앞에 나아가 참된 안식과 기쁨 나 누리겠네
경배하며 주의 얼굴 구할 때 신실하신 주님 찬양해

신실하신 하나님 신실하신 주

나의 주 하나님은 신실하신 주님

기도 들으시는 하나님 폭풍 속의 내 등불 내 노래시라

주의 날개 아래서 내 맘 쉬리니 신실하신 주님 찬양해

신실하신 하나님 신실하신 주

나의 주 하나님은 신실하신 주님

평화 내려주신 하나님 나로 고통받는 자를 위로하게 하소서

나의 평생에 주의 사랑을 전하리 신실하신 주님 찬양해

신실하신 하나님 신실하신 주

나의 주 하나님은 신실하신 주님

구구절절 하나님의 신실하심을 벅차게 표현하는 이 찬양을, 저는 더는 부르지 않습니다. 생각해 보니 최근에는 주일 외에 찬양을 부른 적이 거의 없네요. 심지어 주일에도 방역 수칙 준수를 위해 입술만 달싹였던 적이 대부분이고요. 틈날 때마다 찬송가나 CCM을 부르던 저는 어디로 갔을까요?

마흔을 넘기며 시력은 약해졌고 노안도 왔지만 외려 불투명했던 시야가 분명해졌습니다. 세상일은 내 마음과 뜻대로 되지 않는다는 사실이 바위에 새겨진 글씨처럼 단단하고 묵직하게 다가왔어요. 세상을 바꾸기는

커녕 바로 옆에 있는 사람도 변화시킬 수가 없었습니다. 나는 오직 나만 바꿀 수 있다는 지점으로 돌아왔고, 그것조차 결코 쉽지 않다는 것을 순간순간 확인할 때마다 자괴감이 들었어요. 저의 비신자, 불신자 친구들이 즐겨 하던 질문, "선하신 하나님이 왜 세상에 악이 침투하도록 허락하시는가?" 같은 말들을 내뱉진 않았지만 하나님은 '믿음직한 분'이 아니라 '믿어야 하는 분'으로 귀결되었습니다. '긍정의 힘'까지는 아니더라도 신실하신 하나님을 의지해 내 앞에 산적한 문제들을 뛰어넘었고 계속 그렇게 살 수 있다고 믿었는데, 끝이 보이지 않을 정도로 높이 솟은 벽을 만난 거죠. 2016년에 불면증을 앓았어요. 단순히 잠을 못 잔 게 아니라 우울증과 무기력증을 동반했기에 삶의 의지를, 의욕을 잃었습니다. 그 무렵 하나님께 처음 삿대질을 해 봤네요. 아무리 기도해도 잠을 자지 못하니, 그분을 신실하다고 고백할 수가 없더군요.

 그 고통의 밤들을 보내면서 무서운 사실을 알게 되었습니다. 그동안 저는 나를 도우시는 하나님, 나를 구원하시는 하나님만 붙잡고 있었다는 것을요. 남들의 기복신앙을 비웃던 제가 그 누구보다 기복적인 뒷모습을 감추고 있었음을 인정할 수밖에 없었습니다. 하나님의 신실하심은 '나'라는 렌즈를 통과하면서 어떤 자물쇠도 열

수 있는 만능열쇠로 바뀌었어요. 나의 주 하나님은 신실하실 수밖에 없고 신실하셔야만 하는 거였어요. 인간은 세상 그 무엇보다 자기 자신을 가장 소중히 여길 수밖에 없는 존재지만, 그 자기중심성이 교묘하게 포장되어 신실함으로 둔갑할 수 있다는 사실은 몸서리치게 무서웠습니다.

    편지의 내용이 좀 무겁게 흘러가네요. 오늘 아침에 성무일과로 읽은 성서 말씀은 마르코복음 13장 5~13절, 예수님이 예루살렘의 멸망을 예고한 부분이었습니다. 성공회 영성센터에서 펴내는 《생활과 묵상》에서는 이 본문에 대한 묵상을 다음과 같이 적어 놓았네요. "예수께서는 저희에게 이 징조들을 보면서 고통을 어떻게 건너가야 하는지를 말씀해 주십니다. 말하는 이는 우리가 아니고 성령이심을, 끝까지 견뎌야 함을 말입니다. 구원은 고통과 종말을 통해 완성될 것임을 알려 주십니다." 우리는 삶에 고통이 없을 수 없다는 사실을 알면서도 꽃길만 걷자고 덕담을 주고받죠. 고통은 은혜로 극복해야 하는 것이니 "아멘 할렐루야!"를 외치지 못하면 신실하지 못한 사람이라고 단정짓곤 합니다. 과연 그럴까요? 꽃길이 영원하다면 그 꽃은 생화가 아니라 플라스틱으로 만든 조화일 거예요. 하나님은, 시든 꽃을 바라보며 삶의 고통을 묵묵히 받아들이는 사람으로 하여금 '고통받는 자를 위로하게' 하시리라 믿습니다.

나에게 고통을 허락하시는 하나님이 신실하신 분, 믿을 만한 분이라는 고백은 어떻게 가능할까요? 피학대성욕 도착증(마조히즘)이라는 오해를 받지 않을 방법은 없을까요? 고민 끝에 작은 힌트를 얻었답니다. 절대자의 신실하심을 인간인 내가 자의적으로 해석하지 않고 있는 그대로 받아들일 수 있는 길은, 덕질에 있었어요. 최근에 고등학교 1학년생들에게 정지용의 〈향수〉를 가르쳤는데, 아파트가 고향인 학생들에게 '넓은 벌 동쪽 끝으로 실개천이 휘돌아 나가는' 고향을 설명하는 아이러니 앞에서 무력감을 느꼈습니다. 2022년을 사는 열일곱 살 청소년이 공감할 만한 시를 찾아보자! 결정하고 K팝 가사를 검색하다가 그룹사운드 잔나비의 〈꿈과 책과 힘과 벽〉을 만나고 무릎을 쳤죠. '입덕'의 순간이었습니다. 잔나비의 노래를 찾아 듣고, 가사를 옮겨 적고, 팬카페에 가입하고, 공동의 신을 경배하는 팬들과 함께 울고 웃으며 음악에 흠뻑 빠졌어요. 잔나비가 저에게 뭘 특별히 해주지 않아도, 그 존재만으로 감사하고 행복한 하루를 보내게 되더군요… 아니, 이거 교회랑 너무 비슷하잖아? 사순절에 잔나비 노래를 너무 열심히 들어서 양심이 좀

찔렸지만, 영감은 충분히 받았습니다. 진정한 예배자의 자세와 전열을 오랜만에 정비했죠.

늘샘은 무엇을 즐기시나요? 무엇으로 삶의 활력을 얻으시는지 궁금합니다. 답신을 기다리겠습니다.

2주 뒤 콘서트에서 성덕할

정혜덕 드림

읽고 읽고 또 읽고

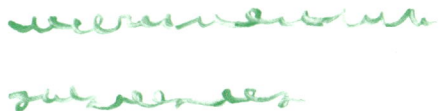

성덕으로 성덕成德하실 정혜덕 작가님께

지난번 편지를 마치시며, '2주 뒤 콘서트에서 성덕 할'이라고 하셨지요? 저는 성공한 덕후가 되신다는 말인지, 덕을 이루어 덕스러운 사람이 되신다는 말인지 헷갈리더군요. 둘 다 말이 되는 것 같아요. 그런데 저는 성공한 덕후가 됨으로써 성덕成德하신다는 뜻으로 이해했습니다. '성덕'을 수단 삼아 '성덕'이라는 열매를 맺으신다는 말로 받아들였지요. 부디 둘 다 이루셨기를 바랍니다.

네, 이제 목사가 되었습니다. 강도사였을 때는 왠지

마음이 가벼웠습니다. 아직 견습생이라는 느낌, 병아리라는 느낌이었지요. 물론 그렇다고 어깨가 마냥 가볍지는 않았습니다. 강도사 역시도 제 영혼이 짊어지기에 가벼운 이름은 아니지요. 그런데 '목사'라는 모자를 쓰고 나니, 여러모로 부담이 큽니다.

목사의 부담에는 여러 종류가 있지만, 서로 상반되는 두 범주가 있습니다. 하나는 '말'이고, 다른 하나는 '침묵'입니다. 목사는 때로 말을 해야만 합니다. 사람들은 어떤 상황에서는 목사의 말을 듣고 싶어 하고, 배우고 싶어 하죠. 그런데 반대로 목사는 때로 침묵해야 합니다. 상대방의 목소리를 경청해야 하고, 공감해 주어야 합니다.

이번에 작가님이 쓰신 편지, 정말 재미있게 읽었습니다. 그런데 한 번 읽고 모든 내용을 소화할 수 없었죠. 그래서 여러 번 읽었습니다. 인쇄해서 밑줄을 그으며 읽고, 컴퓨터에 본문을 복사해 한 줄 한 줄 분석도 해 보았습니다. 그렇게 열심히 씹어 먹으면서, 하고 싶은 이야기가 많았습니다. 공감하고 싶은 말도 있었고, 이의를 제기하고 싶기도 했죠. 여러 생각 구름을 띄우다가, 모두 치워 버렸습니다. 전도서 3장에는 이런 말씀이 나옵니다 "범사에 기한이 있고 천하만사가 다 때가 있나니." 그러면서 사람에게는 날 때와 죽을 때, 심을 때와 뽑을 때, 헐

때와 세울 때, 사랑할 때와 미워할 때가 있다고 합니다. 작가님의 편지를 읽고 곱씹으면서, 저는 침묵해야 할 때임을 깨달았습니다. 작가님의 글을 있는 그대로 제 영혼에 새기는 것만으로 즐거웠고, 그를 통해 성장한 제 모습을 보며 기뻐할 수 있었던 것으로 충분했습니다.

작가님의 경험과 깨달음에 대해 하나하나 톺아보기보다, 시를 한 편 소개해 드리고 싶습니다. 바로 시편 88편입니다. 시편은 보통 절망에서 시작해 소망으로 끝납니다. 소망이 아니라면 적어도 하나님을 부르짖거나 믿음이라도 제시합니다. 그런데 시편 88편은 다릅니다. 시인은 자신이 처한 암울한 상황을 실컷 토로하고, 시를 이렇게 마칩니다. "주는 내게서 사랑하는 자와 친구를 멀리 떠나게 하시며 내가 아는 자를 흑암에 두셨나이다." 처음 시편 88편을 읽었을 때, 너무 당황했습니다. 하나님의 신실하심을 찬양하기는커녕, 의지하지도 않다니요. 그런데 이제는 이 시편을 사랑합니다.

제가 하나님이었다면 시편 88편을 성경에서 빼고 싶었을지도 몰라요. 하지만 하나님은 이 시편을 그대로 두셨습니다. 때로는 정말 절망으로 기도를 마치고 싶을 때가 있다는 것, 하나님은 그토록 우리를 잘 아시는 거지요. 저는 어떤 의미에서 작가님을 칭찬해 드리고 싶습니다. 그 어두운 터널을 지나는 동안 체념하지 않으셨다는 것. 주저앉지 않고 걸으셨다는 것. 그것이야말로 진정한 의미에서 하나님이 신실하시다고 믿는 행동이지요. 그런 사람은 인생의 가장 어두운 길을 걸을 때 포기하지 않겠지요. 시든 꽃과 같은 인생 가운데서도 견뎌낼 수 있겠지요. '삶의 고통을 묵묵히 받아들이는 사람'은 어떤 의미에서 이미 신실하신 하나님을 잘 알고 믿는 사람 같습니다. 작가님처럼요.

편지를 마치며 저에게 무엇을 즐기는지 물으셨습니다. 무엇으로 삶의 활력을 얻는지도 궁금해하셨지요. 두 질문을 읽고 저는 잠시 두뇌의 일시정지를 경험할 수밖에 없었습니다. 스스로 생각하지 않는 주제거든요. 저는 무언가를 즐기지 않는 편, 못하는 편입니다. 활력이라… 사실 저는 의욕도 기력도 많이 낮은 편입니다. 저를 짧게 보신 분들은 인간 하늘샘을 "백만 스물하나 백만 스물둘"을 외치는 에너자이저로 아시기도 하는데요, 사실 전형적인 '비실이'입니다. 그래서 딱히 즐기는 것도, 삶의 활력을 회복하는 방법도 없습니다.

그나마 몸져 누워 있는 심신을 앉게 하고 서게 하는 방법이 하나 있으니, 바로 글을 읽는 일입니다. "잉?" 하실 수도 있습니다. 목사에게, 박사 과정생에게 글을 읽는 일은 업이요, 당연한 일이니까요. 읽는 일로부터 도망쳐야 하는 사람이 독서에서 쉼을 얻는다는 소리가 어색하게 들리실 수 있을 것 같습니다. 조금 더 설명해 보도록 하겠습니다.

우리는 매일 무언가를 읽으며 살아갑니다. 문자나 카톡을 읽고, 이정표와 간판도 읽습니다. 때로는 영상 속 자막을 읽기도 하고, 인포그래픽을 읽기도 합니다. 그리고 저처럼 연구하는 사람은 읽는 글의 양이 압도적으로 많습니다. 그런데 읽기가 제게 힘을 준다니, 말이 안 되는 것 같지요?

그럼에도 읽기는 제게 치유이고, 예배입니다. 예배라고 하면 뭔가 거창해야 할 것처럼 생각됩니다. 목청껏 노래를 불러야 할 것 같고, 누군가의 뜨거운 설교를 경청해야 할 것 같습니다. 물론 찬양과 설교는 너무나 중요합니다. 또 어떤 이는 삶이 예배라고 합니다. 내가 아닌 남을 섬기는 일이 예배요, 찬양이라고 합니다. 저는 이 역시 너무나 중요하다고 생각합니다. 그런데 읽기처럼 가장 기본적이고 가장 하찮아 보이는 일, 미세하게 움직이는 두 눈과 가끔씩 책장을 넘기는 작은 손짓도 힘을 주는 예배가 될 수 있습니다.

정말 힘이 없을 때, 유튜브와 넷플릭스도 위로를 줄

수 없을 때, 오감을 자극하는 드립 커피도 잠든 제 영혼과 지친 제 육신을 깨울 수 없을 때, 저는 마지막 남은 한 옴큼의 체력을 손끝으로 옮겨 책을 한 권 집어 듭니다. 그리고 읽습니다. 무작정 읽습니다. 천천히 한 단어 한 단어를 눈으로 보고, 입으로 읽고, 마음으로 읽습니다. 그러면서 기도합니다. "주님, 한 글자 한 글자 읽는 이 소소한 일이 찬양이 되게 하시고, 예배가 되게 하소서."

우리는 읽기와 공부가 예배라고 생각하기 어렵습니다. 공부와 읽기는 대체로 수단이죠. 우리는 어릴 때부터 "공부해서 무엇을 할 것인가?"라는 질문을 던지는 데 너무 익숙합니다. 책을 읽는 일은 지식을 얻어 그 지식을 활용해야 가치 있다고 흔히 생각합니다. 이 논리 자체를 반대하지는 않습니다. 하지만 신자의 읽기에는 또 다른 국면이 있다고 생각합니다.

사도 바울이 고린도교회에 쓴 편지 가운데 이런 구절이 등장합니다. "너희 수고가 주 안에서 헛되지 않다" 고전 15:58 참고. 부활을 근거로, 사도 바울은 우리가 이 땅에서 하는 일 중 어떤 수고도 헛되지 않다고 합니다. 부활을 믿지 않는 사람에게 인생은 인과 관계에 불과합니다. '읽기'라는 '원인'으로 무언가 '결과'를 만들어야만 하죠. 하지만 부활을 믿는 저에게는 한 단어 한 단어를 읽는 소소한 일 자체도 결코 '헛되지' 않습니다.

저는 이 '소소한 읽기'라는 예배가 목회자나 학자에게만 제한되지는 않는다고 생각합니다. 성경을 한 단어 읽는다고 해도 주님 안에서 헛되지 않다는 마음으로 읽는다면, 정말로 결코 헛되지 않다고 믿습니다. 하루 종일 너무 바빠서 머리가 어지러울 정도로 힘들었던 사람이 시편 23편 1절을 깊이 묵상할 때, 정말 그 영혼의 목이 촉촉하게 적셔지리라 저는 생각합니다. 하나님 나라 셈법에는 마이너스가 없죠. 하나님은 먼지 같아 보이는 우리의 일상을 모아 아름다운 하나님 나라를 건축해 가시는 마법의 건축가시니까요.

이 편지에 마침표를 찍어 볼까 합니다. 이번에는 조금 열린 질문으로 편지를 마무리하고 싶네요. 우리가 편지를 주고받게 된 이유가 이 고민, 이 질문이 아니었나 싶어요. "어떻게 하면 일상이 예배가 될까?" 작가님에게 자유 주제를 드리고 싶습니다. 작가님의 일상 중 어떤 면모가 예배가 되나요? 저는 몰랐던 새로운 일상 예배를 배우고 싶어요. 궁금합니다.

작가님의 글 중 단 한 획도 헛되지 않다고 느낀,

하늘샘 드림

평일에 교회에 가며

염소 하늘샘께

지난번에는 미어캣이었죠? 이번에는 염소입니다. 제 편지를 한 줄 한 줄 씹어 드신다니, 감격스러운 동시에 입을 오물거리는 염소가 떠올라 한참을 웃었네요. 늘 샘은 문헌 연구자이니 염소라는 단어를 들었을 때 자연스럽게 대속죄일의 염소, '아사셀'을 떠올릴 거라고 생각해요. 유대교 전통에서 대제사장이 백성의 모든 죄를 대신 짐 지워 광야로 내보내는 염소말이에요. 흔히 예수님은 '세상 죄를 지고 가는 어린 양'의 이미지로 우리에게 각인되어 있는데, 저는 예수님을 착하고 멍한 양보다는 소신 있고 당차고 똑똑한 염소에 더 가깝다고 느껴요. 이건 저의 성격 때문일 겁니다. 저는 예수님께 위로보다는 힘과 용기를 얻고 싶은 사람이거든요. 광야에서 사나운 짐승에게 잡혀 먹힐 운명이지만 발걸음도 가볍게 콧노래를 부르며 달리는 아사셀 염소를 상상합니다. 늘샘이 하나님을 섬기고 교우를 돌보는 운명, 짐, '모자'를 받아들이되 매일 흥겨운 멜로디를 흥얼거리며 앞으로 나아가시길 바랍니다.

저는 열린 결말을 좋아해요. 새드 엔딩은 감정의 정화가, 해피 엔딩은 삶에 대한 희망이 흘러나오지만 작가가 정해 놓은 결말을 수동적으로 받아들여야 하기에 아쉬워요. 열린 결말은 깔끔한 마무리가 이루어지지 않아서 찜찜하지만 그 불편한 기분을 상쇄하고도 남아요. 내 마음대로 결말을 만들 수 있는 여지가 있잖아요. 무엇보다도, 인생은 한 치 앞을 모른다는 점에서 확실히 현실적인 마무리에요. 작품에 너무 과몰입하면 오늘 내 삶을 부정하거나 회피하게 되는데, 열린 결말은 오히려 발목에 힘을 실어 준달까요? 늘샘이 언급한 시편 88편을 다시 천천히 읽어 보았어요. 절절한 고통 가운데 있는 화자의 목소리가 울려 퍼지다가 배터리가 방전되듯 뚝 끊기더라고요. 다시 휴대 전화를 충전해 스트리밍을 한다면 어떤 곡조가 이어질까 생각해 봤어요. 날이면 날마다 다를 것 같아요. 희망찬 반전으로 마무리가 되는 날도, 굵은 눈물 바람에 묵직한 카타르시스만 남는 날도 있겠죠. 뭐가 걸릴지 모르니까 일단 살고 볼 일이겠죠?

어떻게 하면 일상이 예배가 될 것인가? 늘샘과 제가 서신을 교환하기로 마음먹고 정한 주제죠. 늘샘의 편지 말미에 이 질문이 다시 등장해서 조금 의아했어요. 우리가 쓰기로 한, 느슨한 목차가 있는데(나름 짜고 치는 고스톱이죠) 왜 새삼 이런 질문을 하는 거지? 고개를 갸웃거렸어요. 그런데 이 질문이 저에게 새로운 창을 열어 주었어요. 원고 작업을 위해 목차를 정하려고 줌으로 킥오프 회의를 한 지 7개월 만에 여덟 통의 편지를 교환한 셈이에요. 와, 시작이 반이라더니 처음에 설정한 목표의 3분의 1 지점에 도달했네요. 엄청 감격스러운데요? 저는 저를 좀 칭찬해야겠어요. 제 원고를 쓰면서 늘샘을 닦달하는 역할까지 자청해서 감당했으니까요.

7개월 전의 저와 지금의 저는 비슷하면서도 달라요. 계절이 여름에서 가을을 지나 겨울로, 새봄으로 바뀌는 사이에 적지 않은 일들이 있었답니다. 인생은 사건 사고의 연속이라지만 이번 봄만큼 벅차기도 어려워요. 우리 모두 지난 3년 동안 마음 편히 숨을 쉬지 못했는데, 이제는 거리를 걸으며 자유롭게 깊은 숨을 쉴 수가 있어요. 실외 마스크 의무 착용이 풀린 날을 기억해요. 지난 5월 2일 월요일이었는데요(겨우 3주 전인데 엄청 오래된 것처럼 느껴지네요), 아파트 엘리베이터에서 내려 공동 현관문을 나서자마자 마스크를 벗었어요. 얼마나 통쾌하던지! 그 상쾌한 기분이 당혹감으로 바뀌는 데는 5분도 걸리지 않았어요. 길에서 마주치는 사람들 중에서 마스크를 벗은 사람이 없더라고요. 스무 명의 사람을 지나치는 동안 저처럼 콧구멍을 한껏 벌름거리며 숨을 쉬는 사람을 찾을 수가 없었어요. 뭐지? 순간 저만 착각했나 싶었다니까요.

팬데믹이 일상이 되어 버린 삶을 사는 동안 마스크는 거추장스러운 물건이 아니라 제2의 피부가 되었나 봐요. 아무리 크고 강력한 변화가 닥친다고 해도 자의 반 타의 반 그 변화를 받아들이고 적응하면, 우리는 또 그냥 저냥 무덤덤하게 주어진 하루를 살아낼 수밖에 없어요. 그러다가 보들레르의 표현을 빌리자면 "큰 몸짓도 고함도 없지만/ 기꺼이 대지를 부숴 조각을 내고/ 하품하며 세계를 집어삼키는" 존재를 만나죠. '권태'라는 무시무시한 녀석을요.

우리의 삶을 좀먹는 권태를 박멸할 비결은 딱 하나, 소소한 감동과 감격이 매일 솟아나는 옹달샘으로 걸음을 옮기는 거예요. 늘샘과 제가 일상이 예배가 되고 예배가 일상이 되는 이야기를 나누기로 마음먹었던 것도 지친 사람들의 발목에 힘을 실어 주기 위해서였잖아요. 7개월 동안 늘샘과 편지를 주고받으면서 저의 일상, 예배에는 약간의 변화가 있었어요. 그 변화를 조금 나눌까 해요.

저를 포함해 대부분의 그리스도인들은 매일 개인적인 예배의 시간을 가지려고 나름대로 노력을 기울이는데요, 팥 호빵이든 야채 호빵이든 속이 없는 호빵은 호빵일 수 없듯이 성경 읽기와 기도가 없는 예배는 예배일 수 없잖아요? 성경을 조금이라도 읽고, 생각하고, 그 생각을 바탕으로 짧게라도 기도를 드리지만 오래, 깊이 기도하지는 않아요. 불면증과 우울증, 무기력증으로 고생했던 2016년 이후로 그렇게 되었어요. 그 사건 이후로 인생이 제 마음대로 되지 않는다는 걸 격하게 동의해 버린 부작용이랄까요? 결국 모든 일이 다 하나님의 뜻대로, 그분의 섭리 아래에서 그분 마음대로 될 거라는 사실이 뼈가 시리도록 다가와 버렸거든요. 내일 모레면 오십을 바라보는 나이이니 사람이 잘 안 바뀐다는 것도 모르지 않고, 다른 사람을 위해 기도하는 일도 말장난으로 느껴지고…. 냉소적인 사람 별로 안 좋아하는데, 어느새 입꼬리가 한쪽만 올라가는 코웃음이 제게 기본값으로 장착되었더라고요.

냉소는 가라! 거창하진 않아도 소소한 감동과 감격을 매일 길어 올릴 옹달샘으로 가자! 제가 출석하는 대한성공회 대학로교회에서는 화요일부터 금요일까지 아침 9시에 아침기도를 드려요. 팬데믹 기간 동안에는 사제들만 드렸지만 방역 규제가 완화되면서 교인들도 참여할 수 있게 되었어요. 아이들이 학교에 가고 난 뒤 빠르게 십여 분 걸으면 슬라이딩을 할 수 있죠. 출근하지 않고 글 작업을 하는 날은 아침기도에 나가기로 마음먹었어요. 처음에는 교역자만 참여하는 예배에 평신도가 꼽사리 끼는 기분이 들어서 갈까 말까 고민했어요. 하지만 이 짧은 예배를 통해 저의 비웃음이 사라질 거라는 바람에 저를 맡겨 보기로 했어요. 저는 비교적 마음먹은 것은 대부분 해내는 편인데(마음을 나노그램 단위로 작게 먹으면 가능합니다), 예배는 운동이나 운전처럼 잘 안 되더라고요. 안 된다는 사실을 빨리 인정하고, 나를 끌고 가서 예배의 자리에 앉혀 놓는 편이 낫다….

아침기도에 참석하는 가운데 제 안에 (있는지도 몰

랐던) 불꽃이 명멸하는 걸 느낄 수 있었어요. 나에게 향했던, 따갑고 인공적인 조명이 꺼지고 부드럽고 장엄한 빛으로 천천히 자리를 옮기게 되기를 기대하고 있습니다. 늘샘, 예배가 별건가요? 목사에게 할 말은 아니지만, 예배의 자리에 나아가는 자가 예배자이지요. 빛 가운데 나아가 광합성을 하다 보면 저의 '습한 간'도 보송보송하게 마르겠죠. 그러면, 피로는 가라! 외치며 일상의 소소한 기쁨을 충전할 용기가 솟아오르겠죠. 그 용기를 어떻게 펼쳤는지 궁금하면 얼른 답장을 보내세요. 한국에 나오신 동안 얼굴을 보지 못해서 아쉽네요. 하지만 우리는 편지로 사귀는 사이니까 괜찮아요. 잘 가요, 나의 친구여.

하나님에 대해 잘 모르지만, 그분이 빛이신 건 아는
정혜덕 드림

기다림의 끝은 커피

냉소와 이별하신, 제 편지를 기다리셨을 작가님께

　하나님은 한 분이시지만, 사람마다 하나님을 이해하고, 믿고, 사랑하는 모양이 다른 것 같아요. 말씀하신 것처럼, 사람마다 예수님에 대해 두뇌 속에서 그려내는 방식이 다르죠. 작가님은 예수님이 "착하고 멍한 양보다는 소신 있고 당차고 똑똑한 염소에 가깝게" 느낀다고 하셨죠. 참 멋진 말이에요! 저는 작가님의 관점도 매우 매력적으로 느껴져요. 그리고 꽤나 맞는 말 같아요. 많은 교회에서 고백하고 있는 사도신경을 보면, 예수님이 고

난을 '받으셨다'라고 나와 있어요. 맞는 말이죠. 그런데 예수님은 가만히 서 계시고, 그저 타인이 주는 고난을 양처럼 수동적으로 받아들이고 참았다고 보기는 힘들 것 같아요. 예수님은 당당한 염소처럼 고난의 자리로 성큼성큼 걸어가셨죠. 사도 바울 선생님은 빌립보 교인들에게 이렇게 말씀하셨어요. "[예수님은] 자기를 비워 종의 형체를 가지사 사람들과 같이 되셨고 … 자기를 낮추시고 죽기까지 복종하셨으니"빌 2:7-8. 하나님이셨던 그분이 사람이 되셨다는 것, 이런 당당한 겸손은 염소 같은 모습이 아니면 불가능하지 않았을까요?

열린 결말을 좋아한다고 하셨죠? 저도 참 좋아합니다. 혹시 영화 〈인셉션Inception〉(2010)을 보셨는지요? 저는 아직도 그 영화의 마지막 장면을 잊지 못해요. '열린 결말'이라는 단어를 들으면 그 영화가 생각난답니다. 영원할 것만 같은, 아니 영원처럼 느껴졌을 림보에서 깨어나 멍한 눈으로 현실을 이해하려고 노력하는 디카프리오의 표정은 지금도 생생하게 그려집니다. 저에게 시편 88편은 〈인셉션〉만큼이나 탁월한 열린 결말을 가진 이야기 같은데요, 그 이유는 아마도 시인이 너무나 솔직하기 때문이겠죠. 참 용감하죠. 하나님을 믿으면서도 어떻게 전능하신 주님께 "당신이 저를 어둠 가운데 두셨습니다!"라고 소리칠 수 있었을까요? 시인의 정직함이 참 놀랍습니다. 여기서 저는 한 걸음 더 나아가 볼게요. 시인에게 이 시는 열린 결말이었겠지만, 저에게는 아니에요. 저는 이 시인이 지금 예수님과 함께 있다는 걸 알고 있죠. 믿고 있습니다. 대놓고 신랄하게 하나님을 향해 주먹을 움켜쥐어도, 하나님은 십자가 안에서 품어 주시니까요. 그래서 삶의 매순간은 열린 결말처럼 보이지만, 세상의 마지막은 닫힌 결말이 아닐까요? 물론 그 닫힌 결말조차도 너무 원대하고 깊어서 우리의 눈과 마음으로는 온전히 읽어 낼 수 없겠지만요.

제가 지난 편지에서 작가님께 "어떻게 하면 일상이 예배가 될 수 있을까요?"라는 질문을 다시 던진 이유를 정확하게 집어내셨다고 생각해요. 노래나 찬송가의 후렴구처럼, 중요한 질문은 여러 번 돌아보아야 한다고 생각하거든요. 저는 작가님과 제가 '우리의 삶을 좀먹는 권태를 박멸할' '옹달샘'으로 달려가고자 하는 그 불타는 마음을 다시 한번 생각하기를 원했어요. "껍데기는 가라!"가 아니라 "냉소는 가라!" 작가님과 함께 냉소와 싸울 수 있어서, 작가님과 같은 전우가 있어서 얼마나 기쁜지 모른답니다.

작가님이 예배의 자리로 몸을 옮긴 일에 대해서는

박수를 보내드리고 싶습니다. 아침기도 가운데 불꽃이 '명멸'하는 걸 느끼셨다니, 그 문장을 읽는 순간 미소가 절로 나왔습니다. "예배가 별건가요? 예배의 자리에 나아가는 자가 예배자이지요"라고 하셨는데, 전심으로 공감합니다. 그 문장이 무척 마음에 들어 소리 내어 읽어 보았습니다. 사실 그 부분을 읽고, 작가님이 제게 보내신 두 번째 편지가 생각났습니다. 제가 설거지 같은 하찮은 일조차도 예배로 만들기 위해 몸부림친다고 했을 때, 거기에 대한 작가님의 대답은 제게 아주 조금은 냉소적으로 느껴졌습니다. 물론 그 냉소를 십분 이해했기에 반박하지 않았습니다. 그런데 이번 편지에서는 일상 가운데 불꽃을 느끼셨다고 하니, 그때의 작가님과 지금의 작가님은 달라지신 걸까요? 사이렌의 아름다운 노래에 넘어가지 않기 위해 선원이 귀에 넣은 밀납처럼, 저의 목소리를 차단하던 무언가가 사라진 건 아닐까요? 편지를 주고받는 일이 우리 모두를 조금씩 바꾸고 있지는 않은지 잠시 생각해 봅니다. 저는 분명 작가님의 목소리를 들으며 많이 성장하고 있는 것 같아요. 그래서 참 감사합니다.

    작가님이 불꽃 이야기를 하셔서, 제 마음과 영혼은 언제 환하게 불타는지 더듬어 보았어요. 하루 가운데 심장이 빠르게 뛰는 구간이 여러 군데 퍼져 있지만, 가장 빛나는 순간 중 하나는 분명 커피를 마시는 시간일 거예요. 저는 커피를 무척 좋아한답니다. 그리고 커피를 마시면 힘이 나지요.

아침보다는 저녁과 밤에 두뇌가 더욱 멀쩡한 저에게 커피를 내리는 일은 꽤나 힘든 과정이에요. 비타민을 먹듯이 무언가 입에 털어 넣고 물과 함께 삼키면 되는 수준이면 참 편하겠지만, 커피를 만드는 일에는 시간과 정성이 들어가죠. 특히 저처럼 쓸데없이 코와 혀가 예민한 사람에게 커피는 기쁨이자 슬픔이랍니다. 제대로 만들어서 마시면 기쁘지만, 시간이 흘러 향이 사라져 버린 콩으로 내린 커피를 마셔야 하거나, 커피를 제대로 내리지 못해 엉뚱한 맛이 나는 한 잔을 비워야 한다면 참 슬프거든요. 그런 거대한 슬픔에 잠기지 않으려면, 결국 천천히, 그리고 정성을 고이 담아가며 커피를 내려야 하죠. (커피를 '내린다'는 건 제가 커피를 어떻게 만드는지에 대한 실마리가 되겠습니다!) 마실 커피의 양에 따라 콩의 무게를 재고, 콩을 적절하게 갈고, 물을 끓입니다. 콩이 자란 지역이나 콩을 처리한 방식에 맞게 필요한 변수를 적절하게 조절합니다. 한 단추 한 단추 잘 끼웠을 때에만 한 잔의 온전한 커피가 탄생합니다.

제 심장을 거칠게 뛰게 만드는 이 커피를 만들 때

가장 중요한 게 무엇인지 아시나요? 바로 기다림입니다. 물론 다른 요소도 너무나 많지만, 커피는 서두를 때 가장 허무하게 무너집니다. 정해진 방식에 따라 차근차근 만들어야 하죠. 커피를 내리려면 기다려야 합니다. 한 방울 한 방울의 물이 곱게 갈린 콩과 만나며 새로운 맛과 향과 빛깔을 뿜어내는 매 순간을 견뎌야 하죠. 쓰면서도 시큼하고, 시큼하면서도 고소한 한 모금의 카페인이 두뇌에 도착하기 전까지, 저는 그 어두운 밤길 같은 도로를 묵묵히 걸어갑니다. 그 길이 끝나는 순간, 제 안의 '불꽃이 명멸'하는 걸 느끼죠.

이렇게 쓰고 나니 제가 커피라면 죽고 못 사는 카페인 중독자가 된 것 같군요. 그 정도는 아닙니다! 제 인생에 몇 안 되는 취미랄까요. 이렇게 사소한 취미 생활 가운데 조금의 기쁨을 얻기 위해서라도 필요한 게 기다림인데, 인생이 걸린 문제라면 도대체 얼마나 기다려야 하는 걸까요?

저는 커피를 내릴 때마다, 뜨거운 물이 드리퍼를 타고 조금씩 흘러내려 갈 때마다, 하나님을 기다리는 일을 생각합니다. 커피를 기다리며, 하나님을 기다리는 연습을 합니다. 성경에는 기다림이 참 많이 등장합니다. 아브라함은 하나님이 자녀를 주실 때까지 수십 년을 기다렸습니다. 요셉은 감옥에서 나갈 날만을 기다렸죠. 모세는 미디안 광야에서 40년을 기다렸습니다. 성경의 첫 두 권만 보아도, 기다림은 단골손님입니다. 왜 그럴까요? 제가 생각하기에 성경은 기다림에 대해 한 가지 중요한 교훈을 선사합니다. 바로 하나님은 당신을 기다리는 이에게 내려오신다는 진리입니다.

저에게 때로 삶은 너무나 사막 같습니다. 물이 간절한 제게, 삶은 바짝 마른 건조한 모래더미같이 느껴집니다. 매정한 세상을 마주할 때마다, "하나님은 어디에 계신가요?"하고 묻고 싶어집니다. 아니, 따지고 싶어지죠. 그런 처절한 날이 올 때면, 하나님은 제게 "기다려라"고 말씀하십니다. 저는 속이 타들어 갑니다. 지금 당장 커피를 마셔야 하는데 기다려야 하는 것처럼, 마음이 급해집니다. 그런데 기다려야만 하죠. 기다려야만 만날 수 있는 분이니까요.

앞서 커피를 만들기 위해 반드시 필요한 요소가 기다림이라고 말씀드렸습니다. 그러나 기다리기만 하면 완벽한 커피가 나올까요? 그렇지는 않습니다. 다른 요소가 너무 많아요. 저는 커피를 신뢰하지는 않습니다. 하지만 하나님은 다르십니다. 그분의 목소리를 찾는 자에게 하나님은 말씀하십니다. 그분의 얼굴을 열망하는 이에게 당신의 얼굴을 비추십니다. 그분의 손길을 앙망하는 이에게 반드시 그 손을 뻗으십니다. 기다리는 이에게 내려오십니다.

저는 커피가 온전히 내려오기를 기다리며 기도하고 예배합니다. "목마른 사슴이 시냇물을 찾기에 갈급함 같이, 이 커피를 간절히 기대함같이, 제 영혼이 주님을 기다립니다. 오늘도 제게 내려와 주시기를 간절히 빕니다." 그렇게 커피를 마시며, 하나님을 기다리는 하루를 시작합니다. 말씀 속에서, 찬양 속에서, 다른 사람을 향한 섬김과 사랑 속에서, 하나님이 제 영혼을 그분의 사랑으로 흠뻑 적셔 주시기를 소망하며 기다립니다. 새벽빛 같이 어김없으신 하나님, 땅을 적시는 늦은 비와 같이 우리에게 임하시는 하나님을 기다립니다. 내려오시는 하나님을 기대합니다.

아, 기다림에 대해 실컷 쓰고 나니 커피가 한 잔 더 마시고 싶어지네요. 저는 새 커피를 홀짝이면서, 작가님의 답장을 목이 빠지도록 기다려 보겠습니다.

기다리고 기대하고 고대하며,
하늘샘 드림

참사 그리고 종말

기다림과 기대감이 충만한 늘샘께

    너무 오랜만이에요, 늘샘. 제가 마지막으로 편지 보낸 날짜를 확인하고 깜짝 놀랐어요. 4월에 보낸 편지에 대한 답장을 11월에 받다니… 이 정도면 서신 왕래가 끊어졌다고 생각해도 반박하지 못하겠는데요? 이 편지는 사적이면서 공적인 편지니까, 우리 편지를 함께 읽는 독자들에게 설명을 좀 해야 할 것 같아요. 지난봄에 제가 늘샘에게 보낸 4월의 편지까지 1차로 마감을 해서 출판사 대표님을 만났고, 지금까지 교환한 편지만큼 더 주고받은 뒤에 책을 펴내기로 확정지었죠. 늘샘을 대신해 대표님께 메일을 보내고, 만날 약속을 잡고, 계약이 확정되기까지 우리와 우리가 쓴 글의 존재감을 되살리는 데에 시간과 에너지를 아끼지 않은 저를 좀 칭찬합니다, 헤헷.

    오늘은 2022년 11월 22일, 화요일이에요. 계절이 두 번 바뀌었고 곧 겨울로 진입할 듯합니다. 이 편지를 쓰는 카페에서 창밖을 내다보니 은행나무의 노란 이파리들은 대부분 떨어졌어요. 성인 얼굴도 충분히 가릴 만한 양버즘나무 잎사귀들이 보도블록을 점령했네요. 낙엽과 함께 저의 냉소도 자취를 감췄나 봐요. 비결이 뭘까 곰곰이 생각해 봤더니, 의외로 단순하더라고요. 올해 봄과 여름, 그리고 가을까지 저는 글을 거의 쓰지 않았어요. 지난 5년 동안 일하고 밥해 먹으면서 한 주에 글 한 편을 완성하려고 발버둥 쳤던 날들이 무색할 정도로, 글쓰기의 세계와 담을 쌓고 지냈어요. 2022년 봄은 바이러스 때문에 누리지 못했던 계절감을 되찾은 봄이었거든요! 체력이 받쳐 주는 선에서 최선을 다해 열심히 놀았어요.

    저는 교회에서 노는 걸 제일 좋아하는데, 마침 교회에 새로운 신부님이 오셔서 제가 교회에서 잘 놀 수 있도록 멍석을 깔아 주셨어요. 우리 교회 교우들은 대부분 교회 근처에 살지 않으셔서 평일 아침기도에는 사제들만 참석해요. 출근하지 않는 화요일 아침기도에 거의 매주 나갔어요. 30분이 채 안 되는 시간이지만 말씀을 읽고 기도하는 일상 루틴이 만들어진 셈이죠. 그 힘으로 교회에 소설 읽는 모임도 만들고, 산책 행사도 추진하고, 몇몇 교우와 일대일로 도시락 데이트도 했어요. 역시 종교는 인민의 아편이었어요! 교회를 너무 자주 가서 글을 쓰지 못했달까요. 하지만 올해 교회에서 맺은 기쁨의 열매들은 또 글의 재료가 되겠죠? 여름에는 작년에 부지런히 작업했던 원고를 손보았고, 찬바람이 불기 시작할 무렵에 신간을 냈어요.

신간 홍보에 주력하며 힘을 내고 있었는데 10월 29일에 서울 이태원에서 참사가 벌어졌어요. 삶의 소소한 즐거움을 누리려고 나온 젊은이들이 가족과 친구들에게 이별의 말도 제대로 건네지 못한 채 세상을 떠나갔어요. 중세의 어느 시골에서 벌어질 만한 일이 2022년, 대한민국 수도 서울의 도심 한복판에서 재연되었다는 사실을 받아들이기 어려웠어요. 유가족의 슬픔은 감히 글로 옮길 수 없기에 명복을 빈다는 말마저도 입 밖으로 꺼내기가 조심스러워요. 저는 참사에 관련되지 않은 제3자이지만 2014년 세월호 참사 이후 8년 만에 다시 황망한 죽음과 마주해야 했죠. 그때 경험했던 부정과 불의에 또 새삼 진저리쳐야 한다는 사실에 기가 막혔어요. 동시대를 살아가는 사람이 짊어질 마음의 짐이겠죠? 하지만 이 짐에 하나가 더 얹어질 줄은 몰랐어요.

10월 29일은 토요일이었어요. 참사가 일어난 시간에는 아무것도 몰랐다가 다음 날 새벽녘에 뉴스를 접하고서 알았어요. 평소와는 다른, 황망한 마음으로 교회에 갔어요. 저는 독서 봉사자라 두 달에 한 번쯤 예배에서 성서 본문을 읽어야 하는데 마침 당번이었거든요. 지옥과 같은, 아니 생지옥이나 마찬가지인 세상에서 예배를 드리고 있다니, 이 상황 자체가 마치 평행우주 같다는 생각이 들었어요. 게다가 제가 읽은 성서 본문은 에베소서 1장이었어요. 교회는 영광스러운 그리스도의 몸이라는 진술과 간밤의 비극이 무슨 상관인지 고민하지 못한 채로, 단지 앞으로 나가서 읽는 행위에만 집중할 수밖에 없었어요. 사실, 그마저도 쉽지 않았어요. 어젯밤에 저희 집에서는 또 다른 지옥의 한 장면이 연출되었거든요. 세상은 넓고 천국은 멀더라고요.

"먼저 지난밤 이태원에서 안타까운 사고로 희생된 이들과 또 그들을 떠나보낸 유가족들, 그들을 사랑하는 친구들, 이 모든 이들이 하느님의 크신 위로 가운데 평안

하시길 기도합니다. 또한 우리 사회가 사람들의 안전을 지키고 또 보호하는 데 더 많은 관심과 노력을 기울이기를 기도합니다."

늘샘, 설교를 시작하기 전에 신부님께서 이태원 참사를 언급해 주셨다는 사실만으로 저는 적지 않은 위로를 받았답니다. 사랑하는 가족이, 친구가, 시민들이, 도심 한복판에서 압사당해 죽었다는 사실을 말한 순간에 예배는 우리 삶과 연결되었어요. 저 두 문장으로 이태원 참사로 고통 받는 이들은 우리의 예배에 초대되었고, 교우들은 동시대를 살아가는 시민으로서 타인의 슬픔에 동참할 수 있었어요.

제가 이 일을 굳이 언급하는 이유는, 이날 이후 다른 교회를 다니는 제 지인들이 들려준 소식 때문이에요, 간밤에 무슨 일이 있었는지 신경 쓸 필요가 없다는 듯이 선포된 수많은 설교들, 일정대로 진행된 교회의 다양한 친교 행사들, 추모의 마음을 표현하려는 시도가 교회 리더십의 결재를 받지 못해 좌절된 사연들이 제게 전해질 때마다 저는 천천히 불편했어요. 나는 대한성공회 대학로교회로 잘 왔구나 하는 안도감과 오늘보다 내일 더 극우화되는 교회에서 힘겹게 머물고 있는 친구들에 대한 안타까움이 낳은 감정 때문에요.

그리스도인이 베드로전서 2장 9절의 말씀처럼 자신을 왕 같은 제사장, 거룩한 나라, 하나님의 소유된 백성으로 여긴다면, 주일 예배에 자신의 개인적인 삶뿐만 아니라 동시대를 살아가는 이들의 슬픔과 아픔도 가지고 나와야 하잖아요. 사회적 참사를 대하는 입장과 태도는 사람마다 다를 수 있지만, 하나님을 사랑하고 이웃을 사랑하는 삶을 살고자 하는 사람이라면 이웃의 슬픔과 아픔에 쉬이 눈감을 수는 없을 텐데… 이건 저 자신에게 하는 말이랍니다, 늘샘. 신간을 펴내면서 한참 홍보에 열을 올리고 있었는데 채 한 달이 되지 못한 상태에서 이태원 참사를 맞았어요. 책에도 유통기한이라는 것이 있어서, 물 들어올 때 노 저어야 하거든요. 유명인의 책도 출간하고 두어 달 정도면 묻히기 마련인데 하물며 안 유명한 에세이 작가의 책이야 말줄임표도 아깝죠. 10월 29일 이후에 계획해 놓았던 일정을 전면 재검토했어요. 동시에 제 책으로 전하려고 한 위로의 번지수를 다시 들여다보았어요. 나는 누구를 위로하려고 이 책을 썼던가… 책을 팔아야 하는 입장과 책을 쓰는 입장 사이를 왔다갔다 하면서 시간을 보냈습니다.

어제 이태원 참사로 희생된 서른 네 명의 유가족들이 민변에서 처음으로 기자 회견을 했습니다. 그분들이 흘리는 눈물을 제가 닦아드릴 수는 없지만 그분들이 원하시는 진상규명을 위해 시민의 한 사람으로서 할 수 있는 일을 하려고 합니다. 아울러 교회의 일원으로서 잊지 않고 기도하려고 합니다. 교회에서 보내 준 기도문을 다시 열었습니다.

"영원하신 주 하느님, 모든 생명을 지으시고 삶과 죽음을 주관하시나이다. 모든 별세한 이들, 특별히 이태원 참사로 희생당한 이들을 위해 기도하오니, 그들에게 영원한 빛과 평화를 주시어 주님의 은총 안에서 안식을 누리게 하시고, 그리스도 안에서 상통하며 마침내 영광 속에 부활하여 우리와 함께 영원한 생명을 얻게 하소서. 성부와 성령과 함께 한 분 하느님이신 우리 주 예수 그리스도의 이름으로 기도하나이다. 아멘."

이 기도에 한 줄을 더 보탠다면, 우리가 사회의 불의와 부조리에 쉬이 눈 감지 않고 오래오래 전의를 불태울 수 있기를 구하고 싶습니다. 그것이 살아남은 자의 몫이 아닐까요? 삶이 예배가 되고 예배가 삶이 되기를 꿈꾸는 사람이 가장 먼저 드려야 할 기도는, 의외로 행진곡이나 군가에 가까울지도 모릅니다.

커피 향기가 가득했던 늘샘의 편지에 어울리지 않는 답장이 되어 버렸네요. 원래 쓰려던 편지는 레오나르도 디카프리오의 〈돈 룩 업Don't look up〉(2021)으로 시작하려고 했는데… 하지만 어렵고 무거운 이야기를 외면하지 않아서 다행이라고 생각합니다. 늘샘의 기다림과 기대감에는 호응하지 못했지만, 지금까지 살아오면서 피하고 외면했던 것들에 대한 죄송한 마음을 담아.

혜화동에서 혜덕 드림

다시, 늘샘께

우리의 서신 교환은 철저하게 '교환'이어서, 편지를 보내주는 사람이 있어야 답장을 쓸 수 있잖아요? 그런데 이번에는 제가 늘샘에게 답장을 받지 않은 상태에서 또 편지를 보내고 있어요. 두 가지 이유 때문인데, 첫째는 제가 지난번에 쓴 답장에 늘샘이 보내 준 편지에 대한 답을 거의 못했기 때문이고, 둘째는 제 삶에 나름 굵직한 사건이 일어나서랍니다.

늘샘은 커피 향이 가득한 앞 편지에서 우리 삶이 결국 닫힌 결말이라고 쓰셨는데, 저는 늘샘과 입장이 좀 다르지만 역시 레오나르도 디카프리오가 출연한 영화 이야기로 시작할까 해요. 저는 소위 'B급 감성' 취향이라 반어와 풍자가 곁들여진 작품을 좋아해서, 중년의 디카프리오가 사람들에게 지구 종말을 알리기 위해 발버둥 치다가 이리 깨지고 저리 깨지는 〈돈 룩 업〉을 재미있게 보았어요. 늙어서까지 매력을 철철 흘리는 배우들도 있지만, 그녀들의 완벽한 자태는 평범한 사람들은 감히 시도도 못 할 노력의 산물이잖아요? 디카프리오의 얼굴에 적당하게 자리 잡은 나잇살과 주름살 덕분에 불편한 마음 없이 영화를 즐길 수 있기도 했고요(디카프리오는 저와 동갑내기라 더 친근하게 느껴지는 배우지요).

영화에는 임박한 종말 앞에서 좌충우돌하는 인간 군상이 등장하는데, 대부분의 SF영화가 그렇듯이 부와 권력을 가진 소수의 선택받은 사람들만 구원을 받죠. 평범한 사람들은 속수무책으로 죽음을 맞이할 수밖에 없어요. 죽고 싶은 사람은 아무도 없는데, 살 수 있는 사람은 정해져 있으니 영화는 흥겨운 칵테일 파티처럼 소란하고 정신없어요. 이 난리 속에서 오히려 디카프리오는 가족, 친구들과 더불어 차분하게 종말을 맞이해요. 사랑하는 이들과 식탁에 둘러앉아 함께 최후의 만찬을 나누고 손을 잡고 기도하는 모습은 묘하게 감동적이었어요.

기독교에서는 종말을 개인적 종말과 우주적 종말로 설명하는데, 예수님이 탄생하신 이천 년 전부터 지금까지 태어났다가 죽은 사람들은 모두 우주적 종말을 보지 못하고 죽었죠. 어렸을 때는 개인적 종말이 너무 멀게 느껴졌고, 그래서인지 상대적으로 우주적 종말이 더 공포스럽게 다가왔어요. '구름을 타고 오신다는 예수님이 당장 내일 오시면 어쩌지?' 하는 걱정을 실제로 했다니까요? 시험 전날, 제발 예수님이 좀 오시면 좋겠다고, 그래서 시험을 안 보면 좋겠다고 손 모아 빌던 친구들도 있었지만, 저는 공부를 열심히 하는 편이었고, 그러면서도 짬짬이 신나게 놀았기 때문에 예수님은 (당분간) 재림하시면 안 되는 분이었어요. 난 교회 다니고 있으니까, 심지어 대충 다니는 게 아니라 열심히 다니니까 당연히 천국에 갈 거고, 그러므로 이미 천국행 티켓은 내 손안에 있으니 오늘을 열심히 살겠다는 자세였죠. 이승과 저승 모두에서 완봉승을 거두리!

2018년에 건강검진 결과지를 받고서야 우주적 종말은 말 그대로 머나먼 우주 너머로 흐릿해지고, 개인적 종말이 성큼 다가온 기분이 들었어요. 나와 암은 아무런 상관이 없는 줄 알았는데 종양, 결절, 석회화 같은 낯선 단어들이 떼로 몰려오니 겁나더라고요. 그 단어들에 둘러싸이니 죽음의 공포가, 더 정확하게 말하면 고통에 대한 두려움이 실감 났어요. 부끄러운 고백이지만, 저는 그때까지 '질병'과 '고통'을 연결시킬 줄 몰랐어요. 골골거리긴 해도, 나름 건강하다고 생각했거든요. 아, 부끄러워라. 병원을 예약하고, 기다리고, 피를 뽑고, 사진을 찍고, 초음파 검사를 받기 위해 뜨뜻미지근한 젤을 바르고, 의사를 만나는 일련의 과정을 몇 번씩 반복하면서 알게 되었어요. 사람은 죽는다는 사실과 함께 죽음에는 고통이 따른다는 진실을요.

이때의 경험이 완충재로 작용했는지, 올해 건강검진을 받은 뒤 다시 정밀검사를 받으라는 통보에도 그리 놀라진 않았어요. 올 것이 왔구나, 다행히 첫째 아들의 입시가 대충 마무리되는 시점이라 비교적 가벼운 마음으로 조직검사를 받았어요. "조직검사 결과 유방암으로 진단됐습니다"라는 문장을 문자로 받았을 때 아무렇지도 않았던 건 아니에요. 피해 가고 싶은 마음이 없다면 거짓말이죠. 하지만 나는 꼭 아니어야 할 이유도 없잖아요.

늘샘은 이미 걸어간 길, 저도 잘 걸어 볼게요. 늘샘

은 그랜드 래피즈에 있고 저는 혜화에 있지만, 우리는 우주적 교회의 식탁에 함께 앉는 사이이니, 늘샘의 존재만으로 힘이 나요(아이러니하게도, 힘내라는 말을 듣는 건 정말 짜증스러워요!). 예수 그리스도의 오심을 기다리는 대림절에 그분뿐 아니라 암과도 동행하게 되었으니, 올해는 하루하루가 한층 특별할 듯 해요. 미리, 메리 크리스마스.

혜화동에서 혜덕 드림

어지러운 제 삶도,
복잡다단한 이 세상도
제가 기도한다고
한순간에 정리되지는 않더군요.
그러나 상록수를 바라 보면,
초록빛 주님을 붙잡으며,
어쨌든
한 걸음 더 나아 갈 힘을 얻습니다.

나의 씬지록신이 되신 여호와여

함께 방망이, 아니 장대를 깎는 작가님께

　교회에서 노는 걸 좋아한다고 하셨죠? 저도 작가님 못지않게 교회에서 많이 놀았던 1인입니다. 초등학교 때는 교회 바깥 공터에서 뛰어놀았고, 나이가 조금 들어서는 학생회 모임을 쫓아다녔던 것 같아요. '행님'들하고 '누님'들하고 수다를 많이 떨었더랍니다. 지금은 체력이 모자라서라도 그렇게 떠들 수 없을 것 같아요. 입만 있으면 2~3일은 잠도 안 자고 무슨 이야기든 할 수 있을 것 같던 시절이죠. 화요 아침기도에 매주 참석하셨다니, 그

짧은 문장이 제게 큰 기쁨을 주네요. 저는 신자라고 해서 종일 교회에 있어야 한다고 생각하지는 않지만 (세상에서도 빛과 소금으로 살아야 하니까요!), 주일 이외의 시간에 교회에서 노는 일은 언제나 권장할 취미라고 굳게 믿는답니다. 특히 작가님처럼 글을 쓰시는 분께는 교회에서 노는 일이 말씀하신 것처럼 재료가 되리라 확신합니다! 물론 그것보다 더 좋은 유익도 분명 많을 테지만요.

저는 미국에 살고 있지만, 늘 한반도를 향해 귀를 열어 두고 있습니다. 한국인이니까요. 조국이니까요. 제가 나서 자란 곳이니까요. 한국에서 기쁜 소식이 들려오면 함께 웃고, 슬픈 소식이 들려오면 함께 눈물을 흘립니다. 그런 점에서 이태원 참사는 제게… 제게… 어떤 형용사로도 표현할 수 없는 그런 사건이었습니다. 어떤 단어를 쓰든, 제 마음을 온전히 담기란 쉽지 않을 것 같습니다. 잠을 자다 깨어서 문득, 운전을 하다가 문득, 거리를 걸으며 문득 생각이 납니다. 제 호흡마저 가빠질 때가 너무 많았습니다. 아직도 심장이, 가슴이, 마음이 먹먹합니다.

작가님의 말씀처럼, 교회와 세상이 분리된 것 같다는 느낌이 들 때가 있습니다. 교회는 교회대로 돌아가고, 세상은 세상대로 돌아가는 느낌. 요즘 그런 느낌이 더 많이 드는 것 같아요. 심각한 문제라고 생각합니다. 하나님이 세상을 만드셨고 세상을 통치하시는데, 하나님이 세상을 이처럼 사랑하사 독생자를 보내 주셨는데, 교회가 세상에 무관심해선 안 될 일입니다. 그런데 동시에 교회가 너무 세상의 눈치를 보는 것도 아쉽다는 생각이 듭니다. 쉽지 않은 균형 같아요. 영화 〈왕의 남자〉(2005)를 기억하시나요? 아마 이 영화를 영화관에서 봤다고 하면, 제 나이가 꽤 공개되는 느낌인데요, 저는 그 영화에서 줄타기가 가장 강하게 기억에 남았습니다. 몸의 균형이 조금만 한쪽으로 쏠리면 높은 곳에서 떨어져 버리는 그 묘기가 얼마나 놀라웠는지. 그리스도인의 삶도 역시 마찬가지가 아닐까요?

아담과 하와가 동산을 가꾸어야 했던 것처럼, 예수님이 섬기기 위해 이 땅에 오신 것처럼, 우리는 세상의 슬픔을 위로하고 사회의 약한 자를 돌보고 이웃을 섬길 수 있어야 합니다. 그러기 위해서는 세상이 어떻게 돌아가는지 알아야겠죠. 동시에 우리만이 할 수 있는 일, 우리가 해야 하는 일 역시 등한시해서는 안 되겠습니다. 예배에 집중하는 일, 교회만이 할 수 있는 일에 전념해야겠죠. 예수님도 때로는 예루살렘 한복판으로 달려가셨고, 때로는 결혼식에 참석하셨고, 또 때로는 제자들과 은밀

한 시간을 보내셨고, 또 때로는 홀로 새벽에 기도의 자리로 나아가셨죠. 예수님은 때로 하나님 나라에 대한 어렵고 영적인 가르침을 잔뜩 주셨지만, 또 때로는 '일용한 양식'과 같이 우리 삶에 꼭 필요한 이야기도 나누어 주셨습니다. 이런 '줄타기'가 어렵지만, 예수님을 믿는 사람이라면 짊어져야만 하는 짐이 아닐까, 아니 특권이 아닐까 하는 생각이 듭니다.

우리가 편지를 주고받는 목적이 이런 줄타기에 필요한 덕을 돌아보고 소개하는 것이라고 해도 과언이 아닐 듯 합니다. 정말 평범한 일상에서 예배를 찾고, 예배에서 일상에 대한 번뜩이는 지혜와 통찰을 얻는 일, 그 일이야말로 줄타기를 가능하게 하는 장대겠습니다. 어떤 의미에서 작가님과 저는 함께 소중한 장대를 깎고 있다고도 하겠습니다. 방망이 깎던 노인처럼요.

〈돈 룩 업〉을 보고 종말에 대해 생각했다고 하셨지요. 저도 어릴 때 종말에 대해 많이 생각했던 것 같아요. 주님께 기도드릴 때마다 제가 늘 하던 기도가 있었습니다. "주님, 제발 장가는 가게 해주세요! 오시려거든 제가 결혼한 후에 오시기를 간곡히 부탁드립니다! 그러나 주님의 뜻을 이루소서!" 마지막 문장은 그래도 주님께 혼나기 싫어서 추가했던 기억이 남아 있습니다. 감사하게도 이 기도를 주님이 들어주셨네요. 지금은 기도가 좀 바뀌었습니다. 여우 같은 안해(사실 여우 같지 않고 예쁘지만 곰같이 든든한 안해), 토끼 같은 자식(사실 토끼 같다기엔 이제 슬슬 징그러워지는 자식)을 내버려 두고 가지 않도록 해달라고 기도합니다. 이제는 그래도 우주적 종말보다 개인적 종말이 두려운 나이가 된 것 같습니다. 가장이기에 열심히 살아야 하지만, 또 살아남아야 한다는 결심 역시 굳건한 위치가 되었습니다.

작가님이 이전 편지에서 "늘샘의 존재만으로 힘이 난다"고 하셨습니다. 아마도 제가 작가님보다 먼저 암과 싸웠기 때문에 하신 말씀이겠지요? 제가 암 선배군요, 에헴. 맞습니다. 저는 2015년 여름, 27세의 나이에 갑상선 암을 진단받았었죠. 저는 제 갑상선과 완전히 이별했습니다. 그때 참 속상한 이야기를 많이 들었습니다. "그건 암도 아니다." "걸린 사람이 안 걸린 사람보다 잘, 오래 산다더라." "한 달 푹 쉬면 된다." "나뚜믄(?) 낫는다." "내 친구, 가족, 친척은 멀쩡하더라."

사실 인정하는 바이기는 합니다. 암 중에 약한 편이죠. 저 보고 "그래서 다른 암 걸리실래요?" 하면 고개를 거칠게 저을 것입니다. 그러나 젊은 나이에 얻은 암이라 워낙 빨리 자랐고, 전이의 위험도 있어서 급하게 수술했기에, 결코 쉬운 일은 아니었습니다. 갑상선을 모조리 잘라 냈기 때문에 평생 약을 먹어야 합니다. 수술 후 치료를 받으면서 많이 고생했습니다. 성대는 수술한 이후 아직도 온전히 돌아오지 않은 것 같아요. 그때 저는 결혼한 지 1년이 조금 지난 시점이라, 안해와 첫째 아이는 암 환자와 그 황금 같은 시간을 보내야 했죠. 미안한 마음이 많습니다.

왜 이렇게 암 이야기를 늘어놓는지 궁금하시겠습니다. 이유는 간단합니다. 오늘이 예배가 되려면, 일상이 예배가 되려면, 그러니까 갑상선 호르몬제를 먹는 일이 찬양과 기도가 되려면 어떻게 해야 할지 나누고 싶어서 서론을 길게 꺼냈습니다.

저는 갑상선이 없기에 호르몬제를 먹어야만 합니다. 아주 작은 알약입니다. 시중에 나오는 비타민 C보다 작습니다. 이 약을 하루 이틀 안 먹는다고 죽지는 않습니다. 규칙은 조금 까다롭습니다. 4시간 공복 후에 먹어야 하고, 먹은 후에는 한 시간 동안 공복을 유지해야 합니다. 저녁을 일찍 먹고 자기 전에 먹거나, 아침에 일어나 먹고 한 시간을 기다려야 하죠. 규칙을 조금 어긴다고 해서 죽지는 않습니다.

그러나 이 약을 아주 끊어 버리면 어떻게 될까요?

우선 걷잡을 수 없는 피로감과 무기력감을 느끼고, 몸이 붓고, 삶이 삶이 아니게 된다고 합니다. 몸이 지나치게 약해져서, 작은 공격에도 온 육신이 망가져 버릴 수 있다더군요. 그렇게 죽음과 가까워질 수 있다고 들었습니다. 이 작고 작은 푸른 빛의 타원형 친구가 제 육신을, 제 인생을, 제 평생을 그토록 좌지우지한다니. 먹을 때마다 저는 놀랍고 두렵습니다.

그런데 하루는 이 약을 먹고는 정신이 번쩍 들었습니다. 약을 먹는 중에 문득 날카롭게 스치는 한 줄기 생각이 있었습니다. 내 육체의 생존을 위해 절대 잊지 않는 이 약. 시간을 철저하게 계산하면서 매일 먹는 이 약. 내 몸뚱이를 지키기 위해 이 약 복용은 철저히 지키는데, 내 영혼은? 하는 생각이 들었습니다. 육신은 그렇게 애지중지하면서, 영혼은 뒷전일 때가 너무 많았던 것이죠. 탄식이 절로 나왔습니다. "다윗의 자손 예수여, 나를 불쌍히 여기소서!"

그날의 날카로운 기억이 뚜렷하게 남아 있습니다. 잊지 못하고 있습니다. 하나님이 파란빛의 알약 씬지록신을 통해 닫힌 제 귀를 향해 외치신 날. 제게 소리치시는 듯했습니다. "네 영혼을 먹이라."

그날 이후 약을 먹는 사소한 일이, 기도와 찬양과

회개와 예배의 자리가 되었습니다. 조그마한 알약을 물과 함께 삼키는 일이, 저에게는 신성하고 거룩한 1분이 되었습니다. 가장 먼저 저는 감사했습니다. 오늘도 살아남아 약을 먹게 해주시니 감사, 현대 의학 덕에 이런 약을 먹을 수 있게 해주시니 감사, 전쟁이나 기근으로 약이 생산되지 않는 불상사를 막아 주시니 감사, 약으로 대체할 수 있는 장기를 먼저 데려가심에 감사.

또 회개의 시간이 되었습니다. 이토록 약은 잘 챙겨 먹으면서, 말씀은, 기도는, 이웃 사랑은 잘 챙겼는가? 배가 고파 쓰러지려는 영혼은 잊어버린 채, 약만 먹고 있지 않은지 자신을 돌아보게 되었습니다. 고백과 결심의 시간이 되었지요. 약은 결코 거르지 않으면서, 영혼의 양식은 그 정도로 챙기지 않으니까요. 하나님이 에스겔에게 하나님의 말씀이 담긴 두루마리를 먹이신 것처럼, 약을 먹듯 말씀을 먹어야겠다고 다짐하곤 합니다.

그래서 약을 먹듯 시편을 자주 씹어 먹습니다. 풀을 뜯어 먹는 양을 보신 적이 있으신가요? 양들은 하루에 일곱 시간 정도 풀을 씹어 먹는다고 합니다. 질겅질겅 곱씹습니다. 양도 소처럼 되새김질을 하거든요. 그래서 결코 가만히 있는 법이 없습니다. 결코 대충 씹어 삼키는 법이 없습니다. 그렇게 저는 주린 양처럼 시편을 입에 물고 우물거립니다.

오늘은 시편 6편을 읊조렸습니다. "여호와여 내가 수척하였사오니 … 나의 뼈가 떨리오니 … 나의 영혼도 매우 떨리나이다." 이 부분을 여러 번 읽었습니다. 제 삶이 이렇게 느껴지는 요즘이라서요. 그다음 부분을 여러 번 소리 내어 읊었습니다. "주의 사랑으로 나를 구원하소서." 끝이 없는 그 사랑으로 저를 구해 주시기를, 쉼이 없는 그 사랑으로 저를 도와주시기를, 신실하신 그 사랑으로 저를 끝까지 붙잡아 주시기를 기도했습니다. "약은 그 기운이 떨어지나, 주님의 인애, 신실하심, 사랑은 영원하리라!"고 고백했습니다. "나의 약이 되신 여호와여, 아니 약보다 더 의지하는 나의 주님, 오늘도 저를 불쌍히 여기소서"하고 기도했습니다. 작가님의 떨리는 손도 주님이 잡아 주시기를 간절히 바랍니다.

곧 약을 먹으러 갈,
하늘샘 드림

혼자가 아니라 함께

늘샘께

    새해 복 많이 받으세요, 늘샘. 아니, 아니에요. 사실, 저는 이 말을 별로 안 좋아해요. '많이' 때문에 별로거든요. 정확한 근거도 제시하지 않으면서 무턱대고 '많이'라고 쓰지 말라고, '너무', '엄청' 같은 부사와 함께 글쓰기 블랙 리스트에 올리라고, 자동응답기처럼 교실에서 학생들에게 말하곤 했거든요. 다시 말해야겠어요.

    당신은 나의 새해 복이에요, 늘샘. 늘샘의 투병 이야기를 읽고 말로 다 표현할 수 없는 위로를 받았답니다.

암 진단을 받고 난 뒤에 쿨한 척 하려고 노력했어요. 늘 샘도 아시듯 저는 죽어도 멋진 척은 해야 하는 부류잖아요? 폼생폼사는 참 바꾸기 어렵더라고요. 실은 체질적인 이유 말고 다른 이유가 하나 더 있어요. 사람들이 딴에는 제게 위로의 말을 건네는데, 그 말을 듣다 보면 저 자신이 자꾸 불쌍해지는 거예요. 듣는 이를 고려하지 않은 말이라서 번지수가 맞지 않아 짜증이, 더 정확히 말하면 화가 나던걸요? 짜증과 화는 낼수록 별로니까 담담한 척을 하기로 했고, 그런 척하다 보니 놀랍게도 진짜 담담해지더라고요. 드라이아이스로 막 변신하는 중이었는데, 늘 샘의 편지에 스르르 녹았답니다. 현재 암 투병 중이거나 암 치료를 마친 분들의 존재 자체가 위로가 된다는 사실을 부정할 수가 없어요. 그래서 늘샘은 저의 새해 복이에요. 저는 이미 복을 받아 버렸어요.

    한겨울은 입시의 계절입니다. 저희 집에도 수험생이 있어요. 그 수험생은 어쩌다 복을 받았습니다. 자식 1호는 원하던 대학에 합격해 기쁨의 최대치를 누리는 중인데, 자신의 입시 결과에 운이 많이 작용했다는 사실을 모르지 않습니다. K-입시는 예측불허거든요. 노력한다고 다 되는 것이 아니고, 노력의 끝에서 배신당하는 경우도 적지 않고요. 저희 집에 깃든 운을 우주의 기운이라고 부를 수도 있고 하나님의 섭리라고 표현할 수도 있으니, 같이 교회에 가서 감사하고 기뻐하자고 그에게 권했어요. 아니, 아니에요. 꽤 읍소를 해야 했습니다. 읍소의 탈을 쓴 권면이 엄마표 잔소리로 들릴까 싶어서, 남편에게 따로 말했어요. "내 암을 팔아." 남편은 아들에게 엄마가 지금은 쿨한 척하지만 진짜 쿨한 건 아니다, 얼마나 걱정되고 불안하겠느냐, 엄마를 위해서 같이 예배를 드리면 큰 위로가 될 거다… 역시 암은 잘 팔리더라고요, 늘샘. 2022년 성탄과 2023년 새해 첫날은 모두 일요일이었어요. 그 두 주 동안, 코로나바이러스의 맹공에 교회 가는 루틴을 잃어버렸던 자식 1호와 교회에서 예배를 드렸습니다.

    자식 1호가 유치원에 다니던 시절에 저희 가족은 작은 개척교회에서 예배를 드렸어요. 주일 아침에 어린 애들과 그들에게 필요한 물건을 챙겨 차에 오르기까지 과정도 험난했지만 교회에 가서도 만만치 않은 시간을 보냈습니다. 아이를 안고 어르고 달래고 먹이고 기저귀를 갈면서 예배를 드렸으니 목사님의 말씀이 코로 들어오는지 귀로 나가는지 분간하기 어려웠어요. 더 솔직히 말하면, 집에 돌아온 뒤에야 영혼의 안식을 얻는 기분이 들었어요. 그래도 그때는 가족이 함께 예배를 드리고 있다는 사실이 우리를 하나로 묶어 주었습니다. 저와 남편과 아이들이 한 하나님을 예배할 수 있다는 데 감사했죠. 눈을 감으면 아련한 장면들이 떠올라요. 그때 자식 1호는 소꿉장난, 병원 놀이를 거쳐 '예배 놀이'도 했었지요. 육아 터널의 끝에서부터는 시간에 가속도가 붙나 봐요. 목사님 설교를 흉내 내던 자식 1호가 십 년 사이에 냉담 교인이 될 줄은, 꿈에도 생각하지 못했답니다.

이 겨울이 끝나면 고등학생이 되는 자식 2호의 상황도 엇비슷합니다. 하나님에게 관심이 없는데 예배를 드리려니 고역스럽겠지요. 부모 입장에서 자녀에게 물려줄 수 있는 최고의 선물은 등기된 건물이 아니라 신앙 유산이라고 생각하지만, 그건 어디까지나 저와 남편만의 입장인 듯 보여요. 저는 아이들의 양육자로서 그들에게 예수님을 따르는 사람의 본이 되었을까요? 딴에는 애를 썼지만, 아직 잘 모르겠어요. 나는 청소년기에 하나님을 의지하며 스트레스와 불안을 이겨냈다는 구구절절한 간증이, 그들의 귀에 구질구질하게 들릴지도 몰라요. 게다가 시대가 바뀌었잖아요. 이제는 자녀들에게 신앙을 강요할 수 없어요. 내 자녀가 신앙 교육을 가스라이팅이라고 느낀다면, 게임 끝이죠. 늘샘, 나의 '약'이 되신 하나님이 내 자녀의 '약'이 되실 순 없을까요?

20여 년 전이라 기억이 가물가물하지만, 대학원에서 기독교교육학을 공부하기 시작했을 때 책으로 만난 첫 학자는 제임스 파울러였어요. 그의 신앙발달 이론은 신학과 인지/도덕/발달심리학의 접점에서 탄생했는데요, 한마디로 신앙은 평생에 걸쳐 발달해 간다는 거예요. 우리의 믿음이 전 생애에 걸쳐 성장한다고 생각하면 일희일비하지 않을 수 있죠. 사람마다 다양한 방식으로 회심을 경험한다는 사실을 받아들이면 턱 밑으로 바짝 달려드는 불안감과 초조함에 사로잡히지 않을 수 있어요. 세상에 같은 사람이 없듯이 우리의 신앙도 하나님이 예비하신 때에 각기 다채롭게 피어날 것을 저는 믿고 있어요.

    한 달 전쯤, 저와 함께 교회 중고등부에서 자랐던 남사친들을 만났어요. 오늘의 제가 있기까지 팔 할을 담당했던 모교회에서 주일학교 교사 세미나 강의 의뢰를 받았는데, 여전히 모교회에 출석하고 있고 중등부 교사이기도 한 친구가 그들의 정기 모임에 저를 특별 초대 손님으로 불렀어요. 와, 타임 슬립으로 20년을 뛰어넘었더니 그들은 예외 없이 모두 아저씨가, 저는 아줌마가 되어 있더라고요. 하나도 안 변했다는 말을 아무렇지도 않게 주고받을 정도로 넉넉하게 넉살을 떨면서 즐거운 대화의 시간을 이어갔어요. 옛날 이야기와 요즘 이야기가 섞이다 보니, 네 명 중에 한 명은 하나님과 거리 두기 중인 듯했어요. 어머, 형제님. 어쩌다가 냉담 신자가 되셨나요, 조용히 묻고 싶었지만 여럿이 있는 자리에서 실례인 듯해 다음을 기약했습니다. 우리가 함께 드렸던 예배, 진심으로 주고받았던 편지들, 고3인데도 매월 기도회를 이어갔던 남다른 추억은 없어지지 않을 거예요. 아직 그는 반평생을 살았을 뿐이고, 주님은 여전히 그를 지켜보고 계실 테니까요.

한 가지 아쉬운 건, 오늘의 교회죠. 우리는 예수님은 호감이지만 교회는 비호감인 오늘을 살아가고 있어요. 섣부른 예측인지 모르지만, 늘샘은 목사이고 신학교에서 공부하고 있으니 비신자와 만날 일이 별로 없을 것 같아요. 저는 비신자 친구들도 꽤 있는 편이라, 실례가 되지 않는 범위에서 저의 비신자 친구들에게 예수님에 대해 소개하려고 애쓰는 편입니다. 친구의 영혼이 불지옥에 떨어질까 두려워서가 아니라, 제가 누리는 예배의 기쁨을 맛보게 해 주고 싶은 마음 때문이죠.

"아직까지 하느님을 본 사람은 없습니다. 그러나 우리가 서로 사랑한다면 하느님께서는 우리 안에 계시고 또 하느님의 사랑이 우리 안에서 이미 완성되어 있는 것입니다"요한의 첫째 편지 4:12(공동번역).

　새해를 맞아 사랑하는 가족과 친구들이 그리스도를 알고 그분 안에서 발견되기를 기도합니다. 교회와 삶의 현장 모두에서 드리는 예배의 자리에 그들과 함께하고 싶어요. 이것이 저의 2023년 0번 기도 제목이 될 것 같네요. 좀 닭살이지만, 용기를 내어 볼게요. 사랑하는 늘샘, 새해에도 강건하기를 기원합니다.

혜화동에서 혜덕 드림

멍 때리기

친애하는 작가님께

창세기 12장을 처음 제대로 읽었던 때가 생각납니다. 아브라함이 아브람이었던 시절에 하나님이 말씀하셨죠. "너는 복이 될지라." 저는 이 본문을 읽으면서 아브라함이 참 부러웠습니다. 복이 된다니요! 복을 받을 뿐 아니라 타인에게 복이 되어 준다는 것. 그건 바로 꿈이지 않을까요? 초등학교 시절부터 홍익인간의 정신이라는 미덕을 들으며 자란 제게 창세기 말씀은 놀라운 약속이었습니다. 한편으로는 그 꿈을 이룰 날을 기다렸지만, 또 다른 한편으로는 과연 이 구절이 나와 어떤 관계가 있을지 의문을 가질 수밖에 없었지요. 이번에 작가님의 편지를 받고서 '꿈은 이루어지는구나' 하고 생각했습니다. 고대 역사가 되어 버린 2002년 월드컵 4강 진출의 꿈이 이루어진 것처럼, 누군가에게 복이 되고 싶다는 제 꿈이 작가님 덕분에 이루어졌군요. 제가 작가님의 복이 되었다니, 감격스럽습니다. 저의 아픈 과거와 불편한 현재가 작가님에게 위로와 복과 응원이 된다니, 더더욱 감격스럽습니다. 함께 암환자의 길을 걸어갈 수 있는 작가님이 계셔서 저에게도 큰 위로가 됩니다. 저희의 편지를 읽으시는 분들에게도 동일한 위로가 찾아가기를 또 바라게 되고요.

자식 1호가 원하는 대학에 합격했군요! 진심으로 축하드립니다. 한때 K-입시의 최전방에서 보병으로 근무하던 사람이었기에, 그 기쁨이 얼마나 클지 어느 정도 짐작이 됩니다. 더불어, 비록 암을 파셔야 했지만, 가족이 함께 예배를 드리시게 된 일도 진심으로 축하드립니다. 가족이 함께 드리는 주일 예배가 누군가에게는 반복되는 일상이지만, 누군가에게는 하늘에서 내려오는 고귀하고 드문 찰나의 선물이지요.

한때 뜨거웠던 믿음을 잠시 잃은, 차가워진 심장을 품고 살아가는 이들에 대해 작가님이 제게 소개해 주셨네요. 말씀하신 대로 신앙의 유산을 주고 싶은 마음이 예수님을 믿는 모든 부모의 간절한 기원이겠지요. 물론 부모의 권위로 신앙을 강요할 수는 없습니다. 마치 칼이나 총으로 전도할 수 없는 것처럼요. 작가님의 말씀에 참으로 동의하고 공감이 됩니다. 우리의 믿음은 진정 전 생애에 걸쳐 성장하는 것이겠지요. 하지만 우리의 물리적인 눈으로 보면, 사람들은 제자리에 서 있는 듯 보입니다. 그러나 정말 주님은 여전히 자기 양떼를 지켜보고 계시고, 또 삶의 여러 순간에 당신의 울타리 안으로 데려오기 위해 달콤한 목소리로 그들을 부르고 계신다고 저는 확신합니다.

작가님은 오늘의 교회가 아쉽다고 하셨습니다. 우리는 정말 교회가 비호감인 시대를 살고 있습니다. 온전히 동의하면서도 표현은 약간만 바꾸고 싶습니다. '우리'가 비호감이라고 말입니다. 실제로 말도 안 되고 이해도 안 되는 악행으로 교회라는 영광된 이름에 먹칠하는 신자나 목회자가 많음을 알고 있습니다. 그렇지만 저는 '교회'와 '나'를 구분하고 싶지 않아서, '우리'가 비호감이라고 말하고자 합니다. 교회는 예수님의 몸인데, 예수님의 몸은 찢어질 수 없이 하나이니까요. 함께 짐을 짊어져야 한다는 사실을 작가님이 부인하신다고 말씀드리는 것은 아닙니다. 다만 비신자에게 핑계를 주는 존재는 '저들'이 아니라 '우리 모두'라는 점을 강조하고 싶었습니다. 제 본심을 헤아려 주시리라 믿습니다. 아마 작가님과 저의 본마음은 같을 것이라고 생각합니다. 표현과 강조점의 차이겠지요.

그러한 맥락에서 저는 다시 한번 이 서신 교환, 이 책의 심장이 무엇인지, 우리가 열심히 달음박질하고 있는 결승점이 어디인지 숙고해 봅니다. 작가님의 간절한 염원처럼, 저 역시도 우리의 '가족과 친구들이 그리스도를 알고 그분 안에서 발견되기를' 기도합니다. 그리고 그 기도와 더불어 함께 해야 할 일이 바로 일상 가운데서 예배를 찾는 여정이 아닐까요? 그런 의미에서 편지를 주고받으며 함께 머리를 싸매고 하루 가운데 예배를 회복하려는 저희의 노력이, 결국은 가족과 친구의 영혼을 위한 몸부림이 아니었을까요? 작가님과 제가 일상에서 예배를 만끽할 때, 그 예배가 우리 삶을 풍성하게 하리라 믿습니다. 나아가 그렇게 풍성해진 삶이 다른 이의 영혼을 풍요롭게 하리라 믿습니다.

동시에 저는 작가님과 저의 이 작지만 소중한 과업이 너무 무겁지만은 않기를 바랍니다. 이 책 한 권으로 저희가 이 땅 가운데 하나님 나라가 온전히 임하게 할 수는 결코 없으니까요. 그걸 원하지도 않고요. 그래서 무거운 이야기를 하나 했으니, 이번에는 조금이나마 가벼운 이야기로 넘어가 보려고 합니다.

지금까지 저는 작가님과 무언가 하는 일에 대해서 이야기를 많이 나누었습니다. 설거지하는 일, 커피를 내리는 일, 약을 먹는 일. 그러니까 우리가 주체가 되어 어떤 행위를 하는 경우가 어떻게 예배가 되는지 작가님께 많이 말씀드려 왔지요. 그런데 오늘은 정반대를 다루고 싶습니다. 바로 '멍 때리기'입니다.

혹시 '멍 때리기 대회'를 들어 보셨나요? 말 그대로 많은 사람이 한곳에 모여 누가 가장 오랫동안 정말 아무것도 하지 않고 버틸 수 있는지 보는 대회였습니다. 휴대폰은 당연히 볼 수 없고, 책도 봐선 안 되었습니다. 말 그대로 아무것도 하지 않아야 했습니다. 한국에서는 2014년 10월에 이 대회가 처음 열렸다고 하더군요. "바쁘다 바빠"를 외치며 사는 우리에게, 항상 무언가 해야 한다는 강박 관념이 과연 옳은지 다시 한번 고민해 보는 좋은 기회였다고 생각합니다. 2016년에 열렸던 한강 멍 때리기 대회에서는 한 참가자가 이렇게 말했습니다. "아무것도 하지 않으면 아무 일도 일어나지 않는다고 하는데, 아무 일도 일어나지 않으니까 아주 좋습니다. 마음이 좋아요." 마음이 좋아진다니! 실제로 한 심리학자는 멍 때리기가 산림욕만큼이나 몸과 마음에 많은 행복과 안정을 준다고 하더군요.

"멍 때리기가 어떻게 예배가 될 수 있지?"하고 의문을 가지실 수 있습니다. 아무것도 안 하는 게 어떻게 하나님을 예배하는 일이 될 수 있을까요? 저는 반대로 이렇게 말씀드리고 싶습니다. 진정으로 하나님을 예배하고자 하는 심령이야말로 가만히 있으며, 침묵하며, 그 자리에 서서 예배할 수 있다고 말입니다.

아주 먼 옛날, 그러니까 4세기에 이 땅을 걸었던 신학자 중에 나지안조스의 그레고리우스라는 사람이 있습니다. 한국에서는 아직 많이 알려지지 않았지만, 교회사에서는 정말 중요한 인물이랍니다. 그런데 이 그레고리우스가 이런 시를 한 편 남겼습니다.

오, 모든 것을 초월하시는 하나님,
하나님께 걸맞는 또 다른 이름이 있겠습니까?
어떤 단어로 우리가 주님을 찬양할 수 있겠습니까?
세상 어떤 단어도 주님을 나타낼 수 없습니다
어떤 마음이 주님의 비밀을 살필 수 있겠습니까?
어떤 마음도 주님을 파악할 수 없습니다

주님만이 말의 능력 위에 계시고,
모든 인간의 말이 주님에게서 솟아났습니다

    이 시가 흥미로운 이유는, 그레고리우스가 자신의 질문에 대해 자신이 답한다는 점 때문입니다. 어떤 말로 하나님을 찬양할 수 있냐고 물었던 그가, 마지막 두 행으로 답을 제시합니다. '모든 인간의 말이 주님에게서 솟아났다'고 말입니다. 달리 말해, 하나님이 우리에게 먼저 말씀하셨고 우리는 그에 대한 응답으로 하나님께 대답할 수 있습니다. 응답으로 기도할 수 있고, 찬양할 수 있고, 예배할 수 있습니다.
    그런 의미에서, 예배는 멍 때리는 자만이 드릴 수 있는 것입니다. 먼저 하나님 앞에 서서 하나님의 목소리를 들어야 합니다. 우리의 말로 하나님을 찬양하고 기도하는 일 역시 너무나도 중요하지만, 그전에 우리는 침묵 가운데 하나님의 목소리를 기다릴 수 있어야 합니다. 예배는 분명 하나님과 교제하는 일입니다. 우리가 하나님께 드리는 것입니다. 그러나 예배는 언제나 하나님이 먼저 시작하십니다. 하나님이 우리에게 말씀하시고, 우리는 그에 응답할 뿐입니다. 하나님은 자비 가운데 인간의 마음이라는 연약한 그릇에게 말씀하시고, 하나님이 누구신지 친절하게 알려 주십니다. 그 알려 주시는 일 가운데 우리는 예배할 수 있게 됩니다.

그래서 저는 때로 정말 아무것도 하지 않고 앉아 있습니다. '너희는 가만히 있어'라는 시편 말씀처럼, 정말 가만히, 잠잠히, 조용히 있습니다. 멍 때리기는 결코 쉽지 않습니다. 페이스북, 인스타그램, 카카오톡, 유튜브의 유혹을 견뎌야 합니다. 저처럼 도파민에 중독된 사람에게 침묵과 정지란 고문과도 같습니다. 그러나 멍 때리기를 통해 하나님의 하나님되심을 기억합니다. 예배란 하나님이 주시는 것임을 묵상합니다.

멍을 때리다 보면 여러 생각이 듭니다. 먼저 내 삶이 얼마나 혼잡했는지 생각하게 됩니다. 왜 그렇게 바쁘게 살았는지, 인터넷은 왜 그렇게 늘 들여다보았는지, 휴대폰과는 왜 그렇게 친하게 지냈는지 생각합니다. 정말 꼭 필요한 일을 하며 시간을 보냈는지 의문이 들더군요. 자신을 돌아보고 나면 꼭 하나님을 생각합니다. 하나님이 어떻게 지금까지 나를 도우시고 인도하셨는지, 얼마나 감사하고 찬양할 일이 많은지가 떠오릅니다. 어느새 저도 모르게 하나님을 찬양하게 되고, 기도 가운데 하나님께 가장 속 깊은 이야기를 들려드립니다.

영적 멍 때리기는 명상이나 관상 기도와는 다릅니

다. 나 자신에게 있는 무언가를 찾는 인간 중심적인 기도도 아닙니다. 하나님이 갑자기 신비롭게 내 마음 가운데 특정 생각을 심어 주시기를 바라는, 신비주의도 아닙니다. 하나님이 내 인생의 주인이심을 믿으며 그 순간을 하나님께 온전히 내어드리는 연습입니다. 하나님이 모든 걸 하시고 나는 그분의 종이라는 생각, 하나님만이 온전하시고 나는 그분의 도구라는 생각에 집중하며 내 십자가를 지는 훈련입니다. 하나님이 말씀을 통해 당신 자신을 드러내신 그 아름다운 계시 가운데 우리는 진정으로 멍을 때릴 수 있고, 진정으로 하나님께 다가갈 수 있게 됩니다.

아, 분명 가벼운 이야기를 하기로 했는데! 아무것도 하지 않는 일이, 멍을 때리는 일이 이렇게 진지하게 될 줄은 저도 미처 몰랐습니다. 하나님에 대해 이야기하고, 하나님을 향한 예배를 다루다 보니, 제가 너무 신이 나서 진지를 잔뜩 잡숴 버렸습니다! 직업병이라는 변명을 할 수밖에 없네요. 이런 저를 용서해 주시기 바랍니다.

2월의 마지막 하루를 시작하고 계실 작가님께,
늘샘 드림

그냥 존재하기만 해도

멍 능력자 늘샘께

　우리가 편지를 교환하기로 마음먹고 화두로 삼은 단어가 '예배'와 '일상'인데, 늘샘은 신학을 공부하는 목사잖아요. 교회에서 예배를 인도하고 사람들에게 하나님을 설명하는 사람이니 하나님이 주어인 문장이 이어지면 진지해질 수밖에 없죠. 혹시 늘샘이 보낸 편지를 열었을 때 '하나님'이 우르르 쏟아져 받는 사람이 부담을 느낄까 봐 걱정된다면, 염려하지 마세요. 스님이 부처를, 이맘이 알라를 설명하는 게 제대로 된 번지수이듯 늘샘은 하나님에 대해서 계속 성실하게 이야기해 주길 바랍니다.

표준국어대사전에서 멍을 찾아보면 '멍하다'의 어근이라고 나와 있는데요, '멍하다'의 뜻풀이는 '정신이 나간 것처럼 자극에 대한 반응이 없다'입니다. 생명체는 자극에 대해 반응이 없을 수가 없잖아요? 온갖 자극이 넘쳐나는 세상에서 반응이 없다면 죽은 거니까요. 멀쩡히 호흡하고 심장이 뛰는데 아무 생각이 없다니, 이건 자연스럽게 되는 일이 아니라 일종의 연습이나 훈련이 필요하다는 결론에 도달하네요.

저는 멍을 못 때려요. 참깨 한 알 만큼의 잡생각만 있어도 이 생각 저 생각이 세포 분열을 하듯 늘어나요. 왜 멍을 때리지 못하는지 생각해 보니, 종종걸음 모드로 시간을 쪼개 쓰는 일상을 보내기 때문인가 봐요. 아무 생각 없이, 아무 일도 하지 않고 그저 멍하게 있는 순간이 아까워요. 어느 날 친구가 저에게 멍을 때려 보라고 권했어요. 공원 벤치에 앉아서 지는 해를 바라보는데, 잘 안 되더라고요. 몇 초 동안 무중력 상태처럼 둥둥 뜬 기분이 들다가도 금세 저녁 메뉴를 고민하는 자리로 돌아오던데요? 점점 붉게 물드는 동그란 태양이 달걀 프라이로 보이다가 김치전으로 바뀌더라고요. 늘샘도 저처럼 일보따리를 이고 지고 살아가는 분인데 멍을 때릴 줄 안다니, 부럽습니다. 놀리거나 비아냥대는 게 아니라 진심으로요.

　'멍하다'에는 다른 뜻도 있습니다. '몹시 놀라거나 갑작스러운 일을 당하여 정신을 차리지 못하게 얼떨떨하다'라는 뜻인데요, 이 단어가 난데없이 제 삶에 끼어들 줄 몰랐어요. 작년 초겨울에 유방암 진단을 받고 좀 놀라긴 했지만 멍할 정도는 아니었습니다. 바로 수술 일정을 잡았어요. 수술도 순조롭게 마쳤고 회복도 빨랐어요. 수술 2주 뒤에 의사를 만나서 조직검사 결과를 들었어요. 저의 암세포는 유관 안에 얌전히 머물러 있었어요. 암세포가 유관 밖으로 탈출하면 진단명이 바뀌고 치료 방법도 달라지는데, 간발의 차이로 재수술도 항암 치료도 받지 않게 되었죠. 재발을 막기 위해 방사선 치료 일정을 잡고, 항호르몬제 처방을 받았어요. 방사선 치료는 한 달 정도면 마칠 거니까 아침마다 약 한 알을 먹는 건 일도 아니라고 생각했죠. 항호르몬제의 다양하고 무시무시한 부작용에 대해 설명을 들었지만 크게 공포감을 느끼진 않았어요. 재수술과 항암 치료를 피했다는 안도감이 귀마개 역할을 했나 봐요.

　항호르몬제를 먹기 시작한 지 20일째, 잠을 잘 못 잤어요. 처음에는 전날 오후에 커피를 마셔서 그런가 보다 했죠. 그런데 하루가 이틀이 되고 이틀이 삼 일이 되도록 말똥말똥한 밤을 보냈어요. 설마, 항호르몬제 때문일까? 부작용에 불면증이 있었나? 묵직한 눈꺼풀을 밀어 올리고 부랴부랴 검색하기 시작했어요. 유방암 환우들의 카페와 블로그에는 항호르몬제 투약으로 인한 불면증을 호소하는 글이 적지 않았어요. 아, 하필이면 불면증이라니. 말 그대로 멍해졌죠. 허리와 무릎, 발목을 지탱하던 힘이 한꺼번에 빠져나가는 기분이었어요.

저는 2016년에 불면증을 호되게 앓았던 전력이 있어요. 그때의 좌충우돌은 《아무튼, 목욕탕》(위고)에 남아 있는데요, 불면증을 겪기 전까지는 사람이 낮에 활동하고 밤에 잠자는 건 너무 당연하니까 특별히 애를 쓸 필요가 없다고 생각했어요. 하지만 잠들지 못하는 밤을 경험한 뒤로 이 생각은 완전히 바뀌었습니다. 게다가 자려고 애를 쓰면 쓸수록 더 잠들지 못하는 아이러니한 상황이 벌어졌어요. 불안을 베개로, 공포를 이불로 삼아 뒤척이는 내내 절망감에 휩싸였죠.

당시에 저는 잠들지 못하는 밤을 보내면서 수없이 기도했어요. 처음에는 점잖게 기도했죠. '하나님, 불면으로 고통 받고 있어요. 잠을 잘 수 있게 도와주세요.' 그런데 하나님은 점잔을 빼는 제 기도에 별 반응이 없으시더라고요? 제 정성이 부족한가 싶어서 좀 더 간절하게 기도했죠. 침대 모서리에서 '제발' 도와주시기를 간청했는데 하나님은 묵묵부답이셨어요. 이 양반이 좀 너무하는데? 간절한 기도는 절규와 협박으로 바뀌었죠. '지금까지 잘 주시던 걸 갑자기 안 주시면 어떻게 하냐고요. 아예 안 주는 것보다 줬다가 빼앗는 게 더 나쁘다고요!'

성경을 펼쳐서 시편 127편 2절, "여호와께서 그의 사랑하시는 자에게는 잠을 주시는도다"를 찢어 버리고 싶었어요. 그 구절은 마치 잠을 자지 못하는 사람은 하나님의 사랑을 받지 못하는 사람인 것처럼 느껴지게 했거든요. 저는 그 당시에 하나님께 확실히 삐쳤어요. 내가 부르짖거나 말거나 심드렁하게 강 건너 불구경하는 하나님이라면 그분을 예배해야 할 이유가 있을까?

늘샘, 저는 제가 기도하는 대로, 제 소원대로 원하는 것만 쏙쏙 골라서 응답해 주시는 하나님은 믿고 싶지 않아요. 그런 하나님이라면 요술 방망이를 든 도깨비이지, 우주의 창조자라는 수식어를 붙일 분이 못 되잖아요. 저는 신의 자리에서 내려와 인간의 몸을 입고 지구에 올 정도로 자신이 만든 피조물을 지독하게 사랑하시는 하나님, 인간인 내가 측량할 수 없는 수준의 사랑을 펼치시는 하나님을 예배하고 싶다고요. 그런데 제 마음과 현실은 점점 벌어졌어요. 시간이 한참 지나 불면으로부터 벗어났지만 저는 불면의 트라우마로 인해 '간절한 기도'를 잃어버렸어요. 아마도 저의 짧은 개인사에서 가장 힘들었던 기간에 어둠 속으로 사라져 버린 하나님께 아직 앙금이 가시지 않았나 봐요. 그분이 제게 베풀어 주신, 하늘의 별처럼 많은 기쁨과 감사의 순간들이 분명히 있는데도 말이에요.

이번에 생애 두 번째로 겪는 불면으로 일상이 엉망이 되었어요. 더 정확히 말하자면 계획대로 되는 일이 없는 상황이랄까요. 마왕의 손아귀에서 빠져나올 수 없으니 출강도 포기했고 글도 쓰기 어려워요. 저를 저답게 만드는 시간이 허락되지 않는다는 사실이 서글퍼요. 아무 일도 하지 못하는 하루를 살아야 한다는 생각에 사로잡히면 불면에 딸려 오는 우울감을 떨치기 어려워요. 며칠 전 방사선 치료를 마쳤는데, 4주 동안 누적된 방사선 치료의 피로감에 불면 피로까지 더해져 오전 내내 이불 밖으로 나올 수가 없었어요. 아무 일도 하지 못하는 날이 드디어 닥친 건가 싶더라고요. 그런데 거기서부터 뭔가 이상했어요. 아무리 경미한 수준이긴 해도 저는 암 환자잖아요. 한나절 이불 속에 웅크리고 있다고 인생이 끝장나는 것도 아니잖아요. 늘샘, 저는 어떻게든 저를 계속 증명하고 싶은가 봐요. 유명한 사람이 되어서 큰돈을 벌고 싶은 욕망은 없어도 그냥 존재하기는 싫은가 봐요. 이제 제가 멍을 때리지 못하는 사람인 이유가 명확해졌죠? 저는 쓸모없는 인간이 될까 봐 무서웠던 거예요.

이불 밖이 아니라 이불 안이 무서웠던 그 순간, 박새가 지저귀듯 짧은 생각이 머릿속을 스쳐 지나갔어요. '그냥 있기만 해.' 이 한마디가 어디에서 튀어나왔는지는 모르겠어요. 하지만 이 말 때문에 정신이 번쩍 들었어요. 내가 끊임없이 내 존재를 증명하지 않아도 괜찮다는 사실이 천천히 받아들여졌어요. 늘샘, 하나님께 내보일 삶의 열매가 없더라도, 살아 숨을 쉬는 것만도 하나님을 예배하는 행위가 될 수 있을까요? 저는 그런 것 같아요. 어제 동네를 산책하다가 보도블록 틈에서 여린 꽃대를 올린 냉이꽃을 보았어요. 식물에 관심이 없는 사람은 냉이꽃의 존재를 알 수 없죠. 무심코 지나치다 밟아도 밟은 줄 모를 거예요. 하지만 누가 관심을 주든 말든 자기 자리에 그냥 머물러 있는 걸로 냉이꽃은 자신을 창조하신 분께 충분히 예배를 드리고 있다는 생각이 들었어요. 당분간은 냉이꽃의 예배를 본받을래요.

혜화동에서 혜덕 드림

물처럼 심심한, 물처럼 소중한

마왕과 씨름하시는 작가님께

아마 구약에 있는 에스더라는 책을 들어보셨고, 또 읽어 보셨을 것 같습니다. 짐작하건대 내용도 대강 아실 것 같습니다. 혹시 처음부터 끝까지 한 자리에서 읽어 보신 적이 있는지요? 이미 아는 부분일 수도 있지만, 에스더서에는 '하나님'이라는 단어가 나오지 않습니다. '여호와'나 '주님' 역시 찾아볼 수 없죠. 저는 에스더의 화자 같은 이야기꾼이 되고 싶기도 합니다. 하나님이라는 단어를 쓰지 않으면서도 누구보다 하나님을 풍성하게 그려낼 수 있는 사람이요.

　작가님의 편지를 읽으며 위안을 얻었습니다. 목사가 쓴 편지이기에 하나님이 많이 등장해도 괜찮다는 작가님의 말씀, 큰 위로로 다가옵니다. 지금까지도 그랬지만, 앞으로도 작가님에게 하나님 이야기를 좀 더 편안하게 해도 되겠다는 마음이 드네요. 목사에게 있어서 하나님에 대해 이야기하는 일, 그 일은 과연 업이라면 업이겠습니다. 때로는 이런 생각도 합니다. 모두가 하나님을 잘 알면 목사가 필요 없지 않을까? 어쩌면 그게 천국이겠지요. 단순히 목사가 없는 세상이 아니라, 목사가 필요 없는 세상, 그 세상이 기다려집니다. 저는 아마 세상에서 가장 행복한 '무직자'가 될 것입니다. 그날을 기대하고 기도하며 기다립니다.

　작가님이 저를 '멍 능력자'라 불러 주셨는데 사실 저는 멍 능력자가 아닙니다. 노력하고 있을 뿐입니다. 저는 뇌가 많이 시끄러운 편입니다. 뉴런들이 언제나 괴팍하게 춤을 추고 있습니다. 한번에 여러 목소리가 서로를 짓누르기 위해 몸부림치는 곳이 제 머릿속입니다. 조용한 날이 없습니다. 그래서 늘 피곤합니다.

　작가님이 말씀하신 것처럼, 저 역시도 멍 때리기는 훈련이라고 생각합니다. 앞의 여러 편지들에서 썼던 모든 일상 속 예배가 저는 훈련과 습관이라고 생각합니다. 하루아침에 얻을 수 있는 기술이라 보기 어렵지요. 그런 점에서 멍 때리기와 예배는 유사합니다. 예배도, 멍하게 있는 일도, 인간의 본성과 반대되는 일입니다. 물론 하나님이 처음에 우리를 만드셨을 때의 본성대로라면, 우리는 잠잠하게 있을 수 있는 존재였고 하나님께 예배드리는 일이 당연한 존재였겠지요. 타락 이후 예배와 잠잠함 모두 우리에게 참 어려워졌습니다. 그러나 여전히 가장 중요한 일이 아닐까요? 어려우면서도 복되고, 힘들면서도 소중하고, 가장 도움이 안 될 것 같으면서도 우리 영혼에 가장 유익한 일이 아닐까요? 저는 그토록 찬란한 일상 속 예배에 대해 작가님과 이야기하면서, 전보다 더 일상에서 예배를 찾게 되었습니다. 하나님의 얼굴을 보게 되었습니다. 이 서신 교환으로 인해 작가님께, 주님께 참 감사합니다. 진심으로요.

암세포가 유관 밖으로 도망치지 않아서 얼마나 감사한지 모릅니다. 항호르몬제는 정말 무서운 존재로군요. 불면으로 인해 하나님이 미우셨을 작가님이 이해됩니다. 모래처럼 많은 찬양과 행복의 찰나들이 있었다 하더라도, 고통은 고통인 법이지요. "멍을 때리지 못하는 것은 쓸모없는 인간이 될까 봐 두려워서"라고 하셨지요.

저는 이 문장을 읽고 한참을 멍(!)하니 있었습니다. 온 영혼으로 동의하며 고개를 연신 끄덕였기 때문이지요. 냉이꽃처럼 그냥 있기만 해도 아름다운 인생, 하나님 앞에서 아름다운 영혼이라는 작가님의 말씀에 얼음 같던 제 심장이 녹는 경험을 하였습니다. 늘 작가님의 편지를 보며 위로를 얻고 또 배우지만, 오늘은 특별히 그러했습니다.

    왜 우리는 멍을 쉽게 때릴 수 없을까요? 저는 작가님과 저만의 문제는 아니라고 생각합니다. 프랑스 철학자 장 폴 사르트르가 말한 것처럼, 우리는 자유라는 저주를 받은 존재입니다. 우리는 인생을 선택할 수 있고, 선택할 자유가 있기 때문에 막중한 책임을 질 수밖에 없죠. 내가 자유롭게 선택하기에, 내가 그 짐을 온전히 져야만 합니다. 알랭 드 보통이 인간의 이런 슬픈 숙명을 이렇게 표현한 적도 있습니다. 이전에는 제빵가의 아들로 태어나면 빵 만들기를 배우고, 농부의 아들로 태어나면 농사를 배웠다고 합니다. 물론 그들도 삶에 대한 회의와 고민은 있었겠죠. 그렇지만 삶이 무너졌을 때 적어도 자신을 탓하는 일은 적었습니다. 반대로 이제는 누구나 자신의 전공과 직업을 직접 선택하죠. 그 선택의 결과는 자신이 오롯이 가져가고요. 그래서 우리는 감히 멍을 때리기가 어렵습니다. 멍 때리느라 증발한 시간과 기회의 결과는 우리 자신에게 돌아오니까요.

    멍을 때리기 힘들 때, 저는 심심한 물을 한 잔 합니다. 생수를 마십니다. 시원하지도 뜨겁지도 않은 맹물을 마십니다. 차도, 커피도, 주스도, 콜라도 아닌 지루한 물을 삼킵니다. 너무 급하지 않게, 아무 맛도 안 나는 물을 조금씩 음미합니다. 단순한 물 몇 모금에 모든 신경을 집중하면서 급하게 뛰는 심장을 진정시킵니다. 여기저기 날뛰는 두뇌를 가다듬습니다. 물을 마시고 심호흡을 하고, 정말 중요한 게 무엇인지 다시 한번 곱씹어 봅니다.

    물을 마시는 일은 참 지루합니다. 특히 한국처럼 바쁘게 돌아가는 사회에서 물이란 따분한 존재가 아닐 수 없습니다. 곳곳에 카페와 편의점이 넘쳐납니다. 술집도 얼마나 많은지요. 물이 아니라도 마실 거리가 많은 세상입니다. 물을 마신다 해도, 정수기에서 나오는 머리가 찌릿할 정도로 시원한 물을 많이 마시죠. 또한 해야 할 일도 많습니다. 당장 업무가 너무 많은데, 설탕도 카페인도 없는 맹물을 마시고 힘이 날 수 있을까, 하는 생각이 들 지경입니다.

    그러나 참 역설적이게도 지루한 물을 마시지 않으면 우리는 더 피폐해집니다. 일에 집중할 수 없어 커피를 마시면, 오히려 시간이 지나면서 능률이 떨어집니다. 집중력이 떨어져서 설탕이 가득 들어 있는 음료를 마시면, 장기적으로는 도리어 당분에 의존하게 되지요. 아무것도 해주지 않을 것 같은 물은 사실 우리에게 놀라운 힘을 주고, 새 힘을 줄 것 같은 물질은 반대로 우리 호흡을 거칠게, 발걸음을 무겁게만 합니다.

저는 일상 속 예배 역시 동일한 원리라고 생각합니다. 우리는 무언가 색다른 방법을 찾습니다. 조금 더 재미있어 보이고, 쉬워 보이고, 참신해 보이는 방식을 고민합니다. 몸이 지칠 때 탄산음료나 커피를 찾듯이, 영혼이 말라 있을 때 우리는 편한 길을 찾습니다. 그런데 해답은 지루한 물일 때가 많습니다.

제 영혼을 소생하게 하는 생명수는 하나님의 말씀인 성경입니다. 성경은 쉽지 않은 책입니다. 요즘 나오는 소설이나 수필집에 비해 읽기가 어렵습니다. 딱딱합니다. 누군가는 재미가 없다고 할지도 모르겠습니다. 그리고 다른 시대와 문화 속에서 기록된 책이기에, 이해하기도 어렵습니다. 그리고 또 요즘 성경보다 더 재미있는 게 얼마나 많은지요? 다른 책과 비교해도 맹물과 같은 성경이니, 다른 취미에 비해 성경 읽기는 더더욱 따분하게 느껴지기도 하죠. 영화나 드라마, 인스타그램보다 심심한 책이 성경입니다. 시편은 분명 여호와의 말씀이 꿀과 송이꿀보다 더 달다고 하는데, 성경을 읽을 때 맹물을 마시는 기분이 들 때가 많아요.

제가 좋아하는 영어 표현 중에 'acquired taste'라는 숙어가 있습니다. 직역하면 '습득하는 취향' 정도가 되겠지만, 진정한 의미는 조금 미묘합니다. 처음 접해 보았을 때는 그 매력을 모르나, 시간이 지날수록 조금씩 스며드는 마성을 가리킵니다. 성경도 마찬가지라고 생각합니다. 처음에는 맹물 같으나, 물을 많이 마시면 몸이 좋아짐을 느끼듯, 성경을 가까이 하면 영혼이 맑아짐을 느낍니다. 하나님과 가까워짐을 경험합니다. 물은 조금만 있을 때는 그 위력을 알 수 없지만, 모였을 때는 그 무게가 어마어마합니다. 성경도 동일하다고 느낍니다. 한두 장 읽을 때는 힘들기만 하고 위력을 느끼기 어렵습니다. 그러나 하루가 이틀이 되고, 이틀이 일주일이 되고, 일주일이 한 달이 되고, 한 달이 수년이 될 때, 꾸준히 물을 마신 사람의 몸처럼 그 말씀을 먹은 이의 영혼은 성장합니다. 수천 톤이 모인 댐의 위력이 어마어마하듯, 한 사람의 영혼 가운데 조금씩 깊이 쌓인 물은 한 사람의 삶을, 나라 하나를, 세상 전체를 바꿀 수 있습니다.

아, 이렇게 이야기하니 또 목사스럽다고 하실지도

모르겠습니다. 목사니까 성경 읽을 시간도 많고, 목사니까 배경지식도 많고, 목사니까 성경의 참맛을 알기가 쉽겠지요. 야근에 지친 직장인에게 하루에 한 시간은 운동하라는 헬스 트레이너의 조언과 비슷하게 느껴질 수 있겠네요(운동을 힘들어하는 제게 그런 조언은 참 버거웠습니다!) 그래도 물은 마셔야 합니다. 그래도 말씀은 마셔야 합니다. 1리터, 2리터는 못 마신다 해도, 하루에 두 잔 정도는 맹물을 챙겨 마셔야 합니다. 정말 너무 힘들어서 한 장도 읽기 힘들다면, 하나의 구절이라도 마주해야 합니다. 수분을 충분히 섭취한 육체가 참된 휴식을 누릴 수 있는 것처럼, 생명수에 젖어 든 영혼이 멍을 때리며 하나님의 임재 앞에 잠잠히 서 있을 수 있습니다.

다시 냉이꽃 이야기로 돌아가 보고 싶습니다. 하나님은 냉이꽃의 예배를 사랑하신다고 믿습니다. 그리스도 안에서 '그냥 있기만 해도' 아름다운 저희 영혼을 기뻐하신다고 확신합니다. 십자가를 의지하는 사람의 영혼을 날마다 기쁘게 받으신다고 신뢰합니다. 그러면 냉이꽃 같은 우리가 하나님의 어여삐 여기심을 누리려면 어떻게 해야 할까요? 저는 빗물을 누리는 일이 필수라 생각합니다. 그런 점에서 생수와 같은 말씀을 매일 마시는 일이 "그냥 있기만 해"라는 위로를 얻는 가장 편한 길이라고 생각합니다. 들에서 돼지들과 뒹굴던 둘째 아들을 버선발로 뛰어나와 안아 주는 아버지의 사랑눅 15장, 그토록 뜨거운 하나님의 사랑을 만나는 곳이 성경이니까요. 성경은 끊임없이 우리가 스스로를 증명할 필요가 없다고 속삭이고, 외치고, 선포하니까요.

작가님이 박새의 지저귐 같은 소리를 들으신 것도, 수년간 작가님도 모르게 말씀 속에서 산책하고 계셨기 때문이 아닐지 조심스레 생각해 봅니다. 그래서 저는 심심한 물을 마십니다. 물을 마시며 물과 같은 말씀을 생각합니다. 그리고 그 말씀의 깊은 우물에서 "하나님은 나를 사랑하신다"는 진리를 매일 끌어냅니다. 그 물이 없이는 말라 죽을 인생이기 때문입니다.

이 편지를 쓰기 위해 천천히 물 여러 잔을 마신,
하늘샘 드림

먼지를 닦으며

수분 함량이 높아진 늘샘께

    이번 봄은 유난히 추웠습니다. 봄빛으로 둘러싸여 포근함을 느낄 만하면 난데없이 뒤로 물러갔던 겨울바람이 다시 사납게 불어닥치곤 했어요. 기온이 오락가락하는 날이 계속되다 보니 좀처럼 무거운 겨울 코트를 벗을 수가 없었습니다. 게다가 황사와 미세먼지도 잦았어요. 밖에서 덜덜 떨다가 포근한 집으로 돌아왔는데 거실의 공기청정기가 요란하게 돌아가는 거예요. 몇 시간이 지나도 빨간 경고등이 파란색으로 바뀌지 않더라고요.

그렇다고 아예 창문을 꼭꼭 닫아걸고 지낼 수는 없잖아요. 아침마다 유리창 너머로 흐릿한 풍경을 보면서도 창문을 열어야 했어요. 집 안의 묵은 공기를 내보내고 먼지가 가득한 공기를 맞아들였죠. 과연 이걸 환기라고 할 수 있을지 모르겠습니다.

늘샘의 촉촉한 편지를 받은 즈음에 계절은 확실히 봄의 한가운데인 5월로 진입했어요. 얼마나 다행스럽던지요. 뼛속을 시큰하게 만들던 냉기도 사라지고 먼지도 잦아들었으니 창문을 활짝 열고 훈풍을 맞아들여도 되겠다며 안심했죠. 거실과 주방 베란다의 큰 창을 연 지 십 분쯤 지났을까, 막내가 큰일이 났다고 저를 부르는 거예요. 주방으로 가 보니 제 엄지손톱만 한 시커먼 곤충이 주방을 활보하더라고요. 와, 얼마 만에 보는 왕파리인지! 수납장을 뒤져 에어로졸 살충제를 꺼냈습니다. 살충제를 맞은 왕파리를 휴지에 싸서 화장실 변기에 버리고 물을 내려 상황을 마무리하기까지 5분쯤 걸렸을 거예요. 하지만 침입자를 신속하게 처리했다는 안도감은 잠시뿐이었어요. 오히려 겨울 내내 잊고 지냈던 과제를 해결해야 한다는 사실이 분명해졌습니다.

저희 집에는 반려동물이 한 마리 있습니다. 별처럼 빛나는 눈동자가 매력적인 고양이인데요, 이 녀석이 작년 가을이 끝나갈 무렵에 방충망에 커다란 구멍을 냈어요. 발톱을 세운 앞발의 위력이란… 순식간에 방충망이 너덜너덜해졌더라고요. 아마 방충망 밖에 붙어 있던 벌레를 잡고 싶었나 봐요. 물론, 그냥 심심해서 방충망을 찢었을 가능성도 배제할 순 없습니다. 고양이란 뭐든 제멋대로 할 자유가 있는 동물이니까요. 그때는 찬 바람이 불기 시작하는 계절이어서 방충망 수리가 급하지 않았어요. 아, 파리와 모기의 계절이 이렇게 빨리 돌아올 줄 몰랐네요.

　방충망 교체 업체로 전화를 걸어 수리를 예약했어요. 다행히 바로 다음 날 기사님이 집으로 방문해 주셨습니다. 기사님이 베란다의 큰 방충망을 떼는 순간, 방충망에 붙어 있던 먼지들이 눈처럼 폴폴 날렸습니다. 생각해 보니 이 집으로 이사 온 지 햇수로 5년이 되었는데 방충망을 닦았던 적은 없었어요. 더 정확히 말하자면 닦을 생각을 한 적이 없었죠. 저는 가능하면 청소는 최소한으로 하고 싶거든요. 설거지나 빨래와 달리 청소의 세계는 깊고 넓어서 한번 발을 들이면 헤어 나올 수가 없죠. 늘샘, 천장과 벽에도 먼지가 앉는다는 사실을 아시나요? 청소를 제대로 하겠다고 마음먹으면 종일 쓸고 닦기만 하다가 하루가 끝날 수도 있어요. 저는 동쪽 창으로 들어온 햇살이 집안의 먼지를 환히 비추는 아침나절에는 집을 탈출해 카페로 갑니다. 한 줄이라도 쓰겠다는 핑계를 대면서요.

    기사님은 방충망의 먼지 때문에 밖에서 작업을 해야 한다셨어요. 기사님이 30분쯤 걸릴 거라는 말씀을 남기고 1층으로 내려가시자마자 저는 간만에 먼지와 사투를 벌였습니다. 방충망을 떼어 낸 베란다 창틀에 시커먼 먼지가 가득했거든요. 마지막으로 창틀 청소를 했던 게 작년 여름이었으니까 이 먼지들은 계절이 세 번 바뀌는 동안 켜켜이 쌓였던 거예요. 창틀에 먼지가 있다는 사실을 모르지는 않았어요. 매일 환기를 하기 위해 창문을 열었으니까요. 하지만 먼지의 존재를 애써 무시했죠.

    찢어진 방충망에서 날린 먼지가 도화선이 되었는지, 갑자기 먼지를 닦고 싶어졌어요. 창문을 열고 지내는 계절이 시작되었으니 더는 먼지를 방치할 수가 없다는 생각도 들었고요. 진공청소기에 가는 브러쉬를 끼워 먼지를 흡입한 뒤에 물걸레로 꼼꼼하게 닦아 내기를 반복했습니다. 그런데 그 창틀을 청소하고 나니 창틀 바로 옆에 세워 놓은 냉장고 윗면의 먼지가 눈에 들어오는 거예요. 그 먼지를 빡빡 닦아 낸 다음에는 옆 베란다 창틀도… 기사님이 새 방충망을 끼우러 들어오실 때까지 베란다 구석구석의 먼지를 부지런히 제거했습니다. 다음 날 아침에 눈을 떴을 때 겨드랑이가 쑤시더라고요. 난데없는 봄맞이 대청소에 근육이 놀란 거죠. 놀란 근육은 새 부직포를 끼운 막대 걸레로 마룻바닥의 먼지를 슬슬 닦으며 풀어 줄 수밖에 없었습니다. 어제의 먼지는 잊고 오늘의 먼지에 집중해야죠.

가사노동자로 살면 매일 먼지와 전쟁을 치르는 기분이 듭니다. 이 전쟁에서 저는 항상 완패해요. 매일 만나가 내리듯, 오늘 하루 분량의 먼지도 나풀나풀 날아들어 끊임없이 쌓이거든요. 우리는 먼지가 없는 세상에서 살 수 없어요. 지하에 땅굴을 파고 들어가 산다면 모를까, 창문으로 들어오는 먼지를 막을 방법은 없죠. 먼지는 집 안에서도 자체적으로 새록새록 생산됩니다. 피부에서 떨어진 각질이나 각종 섬유에서 떨어진 입자들도 먼지니까요. 로봇청소기는 유용한 물건이지만 바닥의 먼지만 닦을 수 있을 뿐이죠. 가구 위에 쌓인 먼지는 사람이 손으로 치울 수밖에 없으니, 아직까지는 인간이 먼지를 이기지 못하는 것 같습니다. 인간이 먼지만도 못하다니… 하지만 곰곰이 생각해 보면 인간은 먼지와 크게 다를 바가 없는 존재입니다. 길어야 백 년쯤 살고 난 뒤에는 먼지가 될 테니까요. 이런, 먼지가 먼지를 닦고 있는 셈이네요.

우리가 먼지가 된다는 사실, 언젠가 죽는다는 사실은 틀림없이 확실합니다. 하지만 그 사실을 의식하면서 살기는 어려워요. 결국 죽음이 우리를 집어삼킨다는 걸 매 순간 떠올리면 아마 숨이 막혀서 못 살 거예요. 시치미를 딱 떼고 죽음에 곁눈도 주지 않고 자연스럽고 뻔뻔하게 앞으로 걸어 나가야죠. 하지만 죽음은 발바닥에 달라붙은 그림자와 같아서 삶과 분리할 수가 없어요. 생명이 없는 바위나 인형이라면 모를까, 살아 있다는 상태 자체가 죽음을 내포하고 있기에 우리는 매일 죽음에 한 걸음씩 더 가까이 다가갑니다.

제가 장로교에서 성공회로 교단을 옮긴 지 햇수로 4년이 되었는데요, 성공회 교회에서 예배를 드리면 1년에 한 번은 반드시 내가 죽을 수밖에 없는 존재라는 사실을 또렷이 떠올리게 됩니다. '재의 축복식'이라고 불리는 예식 때문인데요, 부활절 전 40일, 사순절을 시작하는 수요일에 시행합니다. 작년 종려주일에 교우들에게 나눠 주었던 나뭇가지(성지)를 다시 모아서 태워요. 사제는 재가 된 가루를 한 사람 한 사람의 이마에 발라 주며 "인생아 기억하라. 너는 흙에서 왔으니 흙으로 돌아가리라"는 말씀을 선포합니다. 이 예전은 우리가 죽을 수밖에 없는 존재임을 기억하고 흙과 재와 먼지로 돌아갈 거라는 사실을 묵상하도록 안내합니다.

늘샘은 늘샘의 죽음을 생각해 보셨나요? 저는 죽음 너머의 세계에 대해서는, 잘 모르겠어요. 아직 안 죽어 봤으니까요. 이렇게 말하면 구원의 확신이 없는 사람처럼 오해받을 텐데, 아직 안 가본 곳에 대해서 뭐라고 말할 입장이 아니라는 정도로 이해해 주시면 좋겠어요. 그런데 어찌 보면 우리는 매일 죽는 것 같기도 해요. 눈을 뜨자마자 피곤해 죽겠고 정오의 태양과 마주치면 배고파 죽겠고 오후 두 시에는 식곤증으로 졸려 죽을 지경이죠. 힘들어 죽겠다고 침대에 누웠는데 정신을 차려 보면 다음 날이고 또 비슷한 사이클이 돌아가요. 그렇게 마음의 그늘을 쉬이 떨치지 못하는 날들을 꾸역꾸역 살다가 난데없이 강력한 한 방이라도 맞으면 죽음보다 두려운 건 삶이라는 생각마저 들어요. 하지만 죽음이 제 발로 찾아오기 전에 내 발로 죽음을 마중할 수는 없잖아요. 저는 죽고 싶다는 생각이 들어도 무서워서 못 죽는 쫄보라서 아직까지 살아 있는 것 같아요.

늘샘, 저는 먼지를 닦으면서 저의 죽음을 생각했어요. 내가 죽을 수밖에 없는 존재라는 사실, 언젠가 먼지가 될 것임을 인정하면 겸손히 고개를 숙이게 됩니다. 사람의 힘으로는 죽음을 극복할 수 없으니까요. 삶과 죽음이 나뉘는 자리에서는, 세상을 살면서 조금이라도 나의 것이라고 말할 수 있었던 성취나 자랑, 소유가 아무런 쓸모없이 먼지처럼 흩어집니다. 하지만 그 자리에서 죽음과 온몸으로 맞서 싸워 이기신 예수님, 십자가에서 죽으셨지만 부활하셔서 생명으로 도약하신 그분을 바라본다면 다른 세계가 열릴 거예요. 내가 먼지임을 아는 자리를 예배의 출발점으로 삼으렵니다. 견고한 자기중심성을 풀고 예배하는 먼지가 되면 오히려 허무하게 흩어지지 않고 다른 차원으로 도약할 테니까요.

예수님은 언제일지 모르는 우리의 마지막 날까지 늘 동행하실 거라고 약속하셨죠. 너와 함께 하겠다는 약속은 사랑하는 사이에서 흔히 주고받는 말이지만 엄밀히 말해서 인간의 힘으로는 감히 할 수도 이룰 수도 없는 약속이에요. 저는 예수님이 우리에게 이 약속을 주셨다는 사실에 큰 힘과 위로를 얻습니다. 노아가 무지개를 바라보며 하나님이 물로 세상을 심판하지 않으실 것을 믿은 것처럼, 저는 아침마다 새록새록 쌓이는 먼지를 닦으며 그분의 따뜻한 사랑의 약속을 기억하렵니다.

혜화동에서 혜덕 드림

흙을 만질 때

죽음을 묵상하는 작가님께

　서울의 초봄은 추웠군요. 고국을 떠나 살다 보니, 한국의 기후가 어떠한지에 대해 참 많이 무뎌졌다는 사실을 작가님의 편지를 읽으며 새삼 깨달았습니다. 황사와 미세먼지는 얼마나 피곤한지요! 한국에서 공기가 안 좋은 날이면 열심히 마스크를 썼었습니다. 여기 미시간 주도 최근 캐나다에서 일어난 거대한 산불 때문에 공기가 꽤나 탁해졌습니다. 신선한 공기가 얼마나 큰 축복인지 생각하게 되는 기회였네요. 한없이 모자란 저는 다시 공기가 좋아지면 그 삶에 금방 익숙해지고 감사를 잃겠지만요. 요즘 좀 좋아졌는데, 맑은 공기를 실컷 마셔야겠습니다.

과장을 한 숟가락 정도 보태자면, 제가 사는 곳은 일 년의 절반 정도가 겨울입니다. 겨울에는 눈과 추위와 짧은 하루가 얼마나 지겨운지 모릅니다. 그런데 봄이 오고 여름이 오면, 여기가 천국에 가까운 땅이라고 생각하곤 합니다. 한국과 다르게 심하게 덥지도 않고, 습도도 높지 않지요. 2019년 8월, 한국에서 처음 여기로 와서 맞은 여름이 아찔할 정도로 얼마나 시원하게 느껴졌는지 모릅니다. 벌레도 많지 않아요. 여름만 되면 여기에서의 삶에 무한히 감사한 마음이 드는데, 슬슬 추워지면 또 지긋지긋한 겨울을 마주해야 한다는 사실에 한숨을 쉬곤 합니다.

벌레 때문에 먼지를 마주하신 작가님의 이야기, 참 재미있게 읽었습니다. 청소에는 끝이 없다는 작가님의 말씀을 읽으며 연신 고개를 끄덕였습니다. 어디 청소만 그럴까요? 인생은 계단 같습니다. 열심히 한 계단을 올라가면, 그 다음 계단이 기다리고 있지요. 내가 원하는 층으로 가려면 제자리에 주저앉을 수 없는 노릇이니, 힘을 내어 다음 걸음을 내딛어야 합니다. 작가님은 책을 쓰시니, 한 권을 완성하면 기쁘시다가도, 다음 책을 향해 나아가기 위해 주먹을 불끈 쥐지 않으시는지요? 적어도 저는 하나를 끝내면 잠시 축제의 시간을 가진 뒤, 다음 계단을 지그시 바라보는 편입니다.

 작가님의 말씀대로 인간은 먼지와 싸워 이길 수 없다고 생각합니다. 그리고 인간은 과연 먼지와 크게 다를 바 없는 존재지요. 어떤 의미에서는, 하나님이 우리를 보시는 눈길이 작가님이 먼지를 보는 눈길과 비슷하다고 생각합니다. 우리가 먼지를 매일 관리해야 하듯, 하나님도 우리를 매일 돌보셔야 하지요. (우리는 먼지를 없애려 하고, 하나님은 우리를 지키시려 한다는 차이를 잠시 내려놓는다면요!) 하나님이 우리를 눈동자처럼 돌보시지 않으면 우리는 먼지로조차 남지 못하고 사라질 존재입니다. 우리가 당연하게 생각하는 500밀리리터 정도의 들숨도 하나님이 허락하시지 않으면 마실 수 없습니다. 코로나에 걸렸을 때 느꼈지요. 호흡이란 우리가 감히 당연하게 여길 수 없는 활동입니다.

 창세기에 나오는 것처럼, 하나님이 우리에게 '생기'를 주셔야만 매 순간 생존할 수 있지요. 우리 인간은 참 손이 많이 가는 존재입니다. 저는 여기서 그분의 전능과 사랑을 느낍니다. 셀 수 없을 정도로 많은 사람 한 명 한 명의 생명줄을 매 초 쥐고 계시는 그 능력이 놀랍습니다. 그리고 그토록 전능하신 분이 우리 모두를 그렇게 붙잡고 계시기로 작정하신 그 사랑이 경이롭습니다. 그 전능과 사랑이 잠시라도 쉬는 날이면, 인류뿐 아니라 우주 전체가 무너지지 않을까요?

하지만 하나님이 제 머리털까지 다 세고 계신다는 진리를 믿는다 하더라도, 저는 자주 죽음을 생각합니다. 저에게는 죽음을 무시하고 당당하게 전진하는 뻔뻔함이 거의 없습니다. 저는 작가님과 달리 여전히 장로교에 속해 있는데, '재의 축복식'이 없이도 늘 죽음을 마음에 두고 있습니다. 언제부터인지는 모르겠어요. 어쩌면 암 진단을 받았던 20대 때부터 죽음이 가까이 있다고 느꼈는지도 모르겠습니다. 이유가 어찌 되었든, "메멘토 모리", 곧 "죽음을 기억하라"는 격언은 언제나 제 두뇌 한가운데 자리를 점하고 있습니다. 혹시 카라바조라는 화가를 아시는지요? 16세기에 활동했던 예술가인데, 저는 그가 그린 〈글을 쓰는 성 히에로니무스〉를 참 좋아합니다. 그 그림에는 책상 위에 해골이 하나 있습니다. 이 해골은 죽음을 상징하며, 죽음이 우리 모두에게 반드시, 언젠가, 그리고 생각보다 빨리 들이닥치리라고 소리 없이 외치고 있습니다. 저는 그 해골을 자주 생각합니다.

카라바조, 〈글을 쓰는 성 히에로니무스〉
캔버스에 유채, 112×157cm, 로마 보르게세 미술관 소장

그런 점에서 "내가 먼지임을 아는 자리를 예배의 출발점으로 삼으렵니다"라고 말씀하시는 작가님의 목소리가 제게 거대한 공명으로 다가옵니다. 우리가 해골을 생각할 때, 죽음을 기억할 때, 고작 사라질 혈육임을 숙고할 때, 우리는 참 예배자가 됩니다. 시편 51편에서 다윗이 고백하는 것처럼, 하나님은 상한 마음을 멸시하시지 않으니까요. 그런데 앞서 다룬 주제를 다시 가져오자면, 우리는 먼지이면서 먼지가 아닙니다. 시편 8편에서 시인이 질문하는 것처럼, 우리는 하나님 앞에서 "사람이 무엇이기에 주께서 그를 생각하시며 … 돌보시나이까"라고 탄복할 수밖에 없습니다. 우리는 먼지입니다. 그러나 하나님이 생각하시고 돌보시는 먼지입니다. 예수님이 십자가에 달리기까지 사랑하신 먼지입니다. 역설적이지요? 먼지이나 먼지가 아닌 존재. 사랑받는 먼지. 어찌 보면 말이 안 되는 듯하면서도, 한편 인간을 참 잘 드러내 주는 표현 같습니다. 작가님이 먼지와 사투를 벌이신 덕에, 저는 다시 하나님의 사랑을 그저 찬탄하게 되네요. 참 감사합니다.

작가님이 먼지 이야기를 하시니, 제가 최근에 먼지를 잔뜩 먹은 날이 생각납니다. 아무래도 타지에 살다 보니, 한국 야채를 구하기 힘들 때가 많습니다. 그래서 저희 가족은 제가 다니는 학교에서 운영하는 아주 작은 밭에 깻잎이나 상추 같은 신토불이 작물을 키우고 있습니다. 저는 꽃을 좋아하지만, 삼겹살이라도 가끔 구워 먹기 위해서는 선택과 집중이 필수입니다. 처음에는 의무감에서 시작한 작은 농사였는데, 이제는 흙과 초록빛 존재들이 제 친구들이 된 기분입니다.

저는 밭일을 좋아하게 되었습니다. 처음에는 한국식 쌈을 먹기 위해 시작했지만, 이제는 흙을 만지는 일 자체가 즐거워졌다고 할까요. 언젠가 머리로 노동하는 사람은 손으로 휴식해야 하고, 손으로 노동하는 사람은 머리로 휴식해야 한다는 이야기를 들었습니다. 그래서 두뇌를 깨끗하게 비우고 손의 감각에 집중하는 순간이 자유의 시간처럼 느껴집니다. 깊이 고민하지 않고, 땀을 흘리며 흙먼지를 먹으면서도 짧고 강한 해방감을 누리고 있습니다.

텃밭 가꾸기에는 또 다른 기쁨이 하나 더 있었습니다. 바로 식물이 자라는 모습을 관찰하는 일이지요. 제가 큰 농장을 일구는 것은 아니기에, 밭에서 보내는 시간이 그다지 많지는 않습니다. 잡초를 제거하고, 땅을 갈고, 씨를 뿌리고, 비가 오지 않으면 물을 주기도 하고, 잎이 너무 많이 나면 관리해 주는 정도입니다. 식물과 마주하는 시간은 하루에 30분도 안 될 때가 많습니다. 그런데 제가 보지 않을 때, 제가 자고 있을 때, 제가 다른 일을 하고 있을 때 초록 친구들은 쑥쑥 자랍니다.

하루는 밭을 돌보러 가서 너무 많이 자란 친구들을 보고 깜짝 놀랐습니다. 그리고 그 자리에서 감사 기도를 드렸습니다. "제가 없는 사이 제가 먹을 친구들을 이토록 성장하게 하신 하나님, 감사합니다!" 기도를 마치고 바로 자신을 돌아보았습니다. 제 성격을 네 글자로 표현할 수 있다면, 아마도 '아등바등'일 겁니다. 저는 매 순간 애를 씁니다. 때로는 불안해합니다. 앞으로 잘 가고 있는지 고민합니다. 과연 충분히 빠르게 달리고 있는지 생각합니다. 이러한 마음 자세는 저를 전진하게 해주는 연료가 되기도 하지만, 꽤 자주 저를 주저앉게도 합니다. 제 피로감의 주요 원인이라고도 하겠습니다.

밭일을 마치고 집으로 돌아와 좀 더 깊이 고민해 보았습니다. 그러다가 고린도전서 3장 6절을 생각했습니다. "나는 심었고 아볼로는 물을 주었으되 오직 하나님께서 자라나게 하셨나니." 결국 문제는 늘 저 자신을 중심으로 생각하는 저의 태도에 있었습니다. 내가 나를 심고, 내가 나에게 물을 주고, 내가 나를 자라게 한다고 착각했습니다. 깻잎을 돌봐 주신 하나님께 감사 찬양을 올리면서도, 저를 키우시는 하나님은 저도 모르게 잊었던 것이지요. 내가 아무리 몸부림쳐도 하나님이 나를 이끌어 주시지 않으면 의미가 없고, 내가 주저앉고자 해도 하나님이 나를 잡아당기시면 나아가야 하는 인생이 내 운명인데, 그 운명을 잊고 있었던 셈입니다.

"나는 잘하고 있는가? 나는 자라고 있는가?"는 온 인류가 씨름하는 질문입니다. 물론 혹자는 이 질문을 매 순간 던질 것이고, 혹자는 아주 가끔만 생각하겠지요. 정도의 차이는 있겠지만, 우리 영혼을 갉아먹는 질문입니다. 제 삶을 무겁게 만드는 질문이기도 하지요. 그날 이후 저는 밭일을 할 때마다 찬양하며 기도합니다. "저를 위해 깻잎을 자라게 하시는 하나님께 감사합니다. 부족한 저를 자라게 하시는 자비로우신 하나님을 찬양합니다. 제가 제 삶의 주인이라는 착각에 빠지지 않게 도와주소서. 저를 성장하게 하시는 분은 하나님임을 기억하게 저를 가르치소서."

흙이 묻은 손으로, 기도하는 마음으로,
하늘샘 드림

우리는 먼지입니다.
그러나 하나님이 생각하시고 돌보시는
먼지입니다.
예수님이 십자가에 달리기까지 사랑하신
먼지입니다.
역설적이지요?
먼지이나 먼지가 아닌 존재. 사랑받는 먼지.
어찌 보면 말이 안 되는 듯하면서도,
한편 인간을 참 잘 드러내 주는 표현 같습니다.

이 언덕을 내게 주소서

텃밭러 늘샘께

    후각이 썩 예민한 편은 아닙니다만, 이다음에 늘샘을 만나면 조용히 코를 벌름거릴지도 모르겠어요. 늘샘에게서 상쾌한 깻잎 향이 날 것 같거든요. 편지를 읽는 동안에 타지에서 고국의 채소를 재배하며 초보 텃밭러의 기쁨을 만끽하는 늘샘의 모습을 상상했습니다. 깻잎과 상추를 무럭무럭 자라게 하시는 하나님이 오늘도 우리를 돌보심을 믿습니다.
    저에게 식물 1급 살해 면허가 있다는 것, 아시죠?

우리 집에 들어온 화분은 예외 없이 시한부 선고를 받아요. 식물을 좋아하는데 키우는 족족 죽이니 마음이 힘들더라고요. 그래서 더는 직접 식물을 키우지 않겠다고 결심하고 다른 사람이 키우는 식물이나 스스로 자라는 식물을 관찰하는 쪽으로 우회했는데요, 그 관찰 경험을 《집 밖은 정원》(옐로브릭)으로 묶을 때 식물에 관한 책도 열심히 찾아 읽었어요. 수 스튜어트 스미스가 쓴 《정원의 쓸모》(월북)도 그중 한 권입니다. 이 책을 읽으면서 식물을 가꿀 때 기분이 좋아지는 건 과학적인 근거가 있다는 사실을 알았어요. 우리가 텃밭이나 정원에서 식물을 돌보기 위해 흙을 만지면 자연스럽게 흙먼지를 마시게 되잖아요? 이때 흙 속에 있던 M. 박케라는 박테리아가 체내로 들어가 뇌의 신경세포를 자극해 세로토닌을 분비시킨다고 해요. 세로토닌은 불안감은 낮추고 행복감은 높이는 신경전달물질이죠. 식물을 키우면 약물 치료나 심리 치료에 버금가는 효과를 얻는다니, 놀랍더라고요. 늘샘이 생애 처음 텃밭러로 거듭나 맛본 기쁨은 에덴동산에서 살았던 첫 사람들이 느꼈을 감정과 별반 다르지 않을 거라고 생각해요. 남은 여름 내내 좌 깻잎 우 상추를 충분히 즐기시면 좋겠습니다. 세로토닌은 덤으로 얻으시고요.

한국은 장마의 한가운데를 지나고 있습니다. 마지막으로 해를 본 날이 언제인지 잘 기억나지 않을 정도로 비가 연달아 많이 왔어요. 손에 닿는 것마다 축축하고 끈적합니다. 자칫 방심했다가는 젖은 수건에서 썩은 걸레 냄새가 나는, 무서운 시기에 머물러 있어요. 이 계절이 시작되는 무렵에 제 삶에 작은 변화가 일어났는데, 오늘 편지에는 그 변화에 대한 이야기를 들려 드리려고 해요.

저는 앞으로 최소 5년 동안 유방암이 재발하지 않도록 타목시펜이라는 약을 먹어야 하는데요, 이 약의 부작용으로 애꿎은 불면증을 겪고 있다고 말씀드렸잖아요? 정신건강의학과에서 처방받은 수면제로 불면증을 겨우 다스린다 싶었는데 웬걸, 우울감과 무기력감이 점점 심해지는 거예요. 사람들과 어울리기 싫어지더라고요. 친구들이 만나자고 연락해도 흔쾌하게 좋다는 대답이 안 나오고, 주일에도 교우들과 마주치기 싫어서 아침 일찍 1부 예배만 조용히 다녀오고⋯ 엎친 데 덮친 격으로 글이 안 써지는 거예요. 2017년부터 시간을 아끼고 쪼개서 글을 써 왔는데, 갑자기 시간은 남아돌고 글은 한 줄도 쓸 수 없는 지경에 이르렀어요. 생의 첫 글쓰기 슬럼프가 이런 식으로 올 줄 몰랐죠.

이 모든 엉망진창이 타목시펜의 부작용인지, 아니

면 암을 진단받고 수술하고 치료하는 과정에서 생긴 불균형인지, 혹은 둘 다인지 알 수 없지만 한 가지는 확실했어요. 저는 천천히 가라앉고 있었어요. 살아 있고 싶지 않다는 생각이 스멀스멀 머릿속을 파고들었어요. 예상치 못한 상황에 속수무책으로 떠밀렸어요. 의사에게 제 상태를 설명하고 상의했더니 원인은 알 수 없지만 약은 처방해 줄 수 있다고 하더라고요. 아브라함은 이삭을 낳고 이삭은 에서와 야곱을 낳듯이 약은 부작용을 낳고 부작용은 또 다른 약들을 낳는구나… 저는 의사에게 약을 먹고 싶지 않다고 했어요. 어떻게 해서든 제가 저를 끌어올려 보겠다고 말했죠.

진료실 문을 닫고 나오면서 바로 후회했어요. 어떻게 나를 끌어올려야 할지도 모르면서 말만 폼나게 해 버린 거죠. 아니, 모른다는 말은 정확한 표현이 아니에요. 우울감과 무기력감을 떨치는 비장의 무기가 있다는 사실은 이미 알고 있어요. 널리 알려진 대로, 운동이죠. 운동이 약만큼 혹은 약 이상으로 효과적이라고 하잖아요? 문제는 제가 운동과 별로 친하지가 않다는 거예요. 늘샘, 저는 운동에 관심도 흥미도 소질도 없는 편이라 딱히 좋아하고 즐기는 운동이 없어요. 아니에요. 더 정직하게 말할래요. 저는 운동신경이 덜 발달한 인간이랍니다. 어렸을 때부터 체육 시간을 싫어했습니다. 십여 년간 학교를 다니면서 제가 몸으로 하는 걸 지지리도 못한다는 걸 확실히 알게 되었어요. 운동을 하면 재미는커녕 주눅이 든달까요. 40대 중반을 넘어가면서 운동을 안 할 수 없다는 사실을 받아들였고 최근 몇 년 동안 시간이 날 때마다 걸었어요. 그런데 작년 여름부터 만 보 이상 걸으면 오른쪽 엉덩이 옆이 쑤시더라고요. 아픈 걸 참으면서 걸을 수는 없으니 다른 운동을 해야 하는데, 더 이상 생각하고 싶지 않았어요.

며칠이 지났을까, 동네 지인이 새로 연 헬스클럽에서 파격적인 가격으로 회원권을 할인한다면서 얼른 등록해서 같이 다니사고 권하는 거예요. 헬스라… 늘샘, 저는 살면서 헬스장에 들어가 본 적이 단 한 번도 없어요. 헬스장은 저와는 전혀 어울리지 않는 공간이라고 생각했거든요. 헬스는 어지간해서는 시도할 생각이 도무지 들지 않는, 운동 너머의 운동으로 확실히 자리매김했죠. 하지만 헬스는 말 그대로 제가 '저를 끌어올리는' 운동이잖아요. 생각만 해도 힘들었지만, 살면서 한 번도 해 보지 않은 일이니까 생각 따위는 하지 말고 그냥 도전하면 되잖아요? 안 되더라고요. 열심히 합리화의 회로만 돌렸죠. '연간 회원권을 끊고 몇 번 못 가는 사람이 태반이라

잖아. 내가 나를 아는데, 일주일도 못 갈 게 뻔하지.'

그런데 날이 점점 더워지는 거예요. 곧 장마철이 닥칠 테고, 장마가 끝난 뒤에는 불볕더위가 바통을 이어받을 텐데 과연 눈앞의 우울한 날들을 헤쳐 나갈 수 있을지 슬슬 걱정이 되었죠. 더 가라앉으면 어떻게 될지 상상만 해도 무섭더라고요. 헬스장에 연회원으로 등록할 엄두는 안 나지만, 시도 비슷한 거라도 해봐야겠다 싶었어요. 자주 이용하는 도서관 아래층에 있는 작은 헬스장에 들렀습니다. 러닝머신이라도 이용하겠다는 마음으로 한 달 등록을 했어요. 헬스장에서 신을 운동화도 사고 유튜브에서 '헬스 초보' 영상도 열심히 찾아보았습니다. 결과는… 늘샘, 저 헬스장에 딱 이틀 갔어요.

러닝머신이 고문 기구에서 유래했다고 들었는데 그 말이 맞았어요. 운동이 저를 무념무상으로 인도할 줄 알았는데, 달리는 내내 '나는 누구? 여기는 어디?' 하는 생각만 들더라고요. 지루하고 답답했어요. 화면으로 익힌 근력 운동 기구들과 친해질 것 같지도 않았고요. 역시 헬스는 저에게 운동 너머의 운동이었어요. 그래도 달랑 이틀 동안의 경험 덕분에 두 가지 소득을 얻었는데요, 하나는 헬스장에서 근육 키우는 분들을 진심으로 깊이 존경하게 된 것이고, 나머지 하나는 집 근처의 언덕을 오르게 된 것이랍니다.

 기계 위에서 달리느니 차라리 집 뒤편의 서울 성곽길을 오르겠다는 결심이 섰어요. 만 보 이상 걸으면 다리가 아프니까 걸음을 반으로 줄이고 대신 경사면을 걷자! 헬스장에 두 번째이자 마지막으로 나간 날의 다음 날, 6월 4일 일요일 아침 7시 30분에 집을 나섰습니다. 성곽길 중간에 있는, 막내가 다녔던 어린이집을 목표 지점으로 잡았어요. 출발해서 평지를 10분쯤 걸으면 언덕길이 15분 정도 이어지는데 설마 거기까지도 못 갈까 싶었어요. 가긴 갔습니다. 도착과 동시에 벤치에 안착했죠. 더 걸어 오를 마음은 전혀 들지 않았어요. 가쁜 숨을 몰아쉬며 어서 집으로 돌아가야겠다는 생각만 했죠. 하지만 꼼짝할 수가 없었어요. 다리가 움직여지지 않던걸요. 주일이 아니었으면 오전 내내 그 벤치에 붙어 있었을지도 몰라요.

 그날 이후로 아침에 눈을 떴다가 질끈 감고 다시 자리에 눕는 날이 절반이었습니다. 하지만 어떻게든 몸을 일으켜서 나간 날도 절반이었어요. 집에 돌아왔을 때 서서 샤워할 힘이 없어서 바닥에 철퍼덕 주저앉아 씻은 적도 있고 씻고 나서 잠깐 쉬어야지 하고 누웠다가 오전 내내 잠든 날도 있었습니다. 걷기 시작한 지 한 달째 되던 날에 어린이집에서 더 위로 올라갈 수 있었어요. 와룡정이라는 정자 밑에서 가쁜 숨을 몰아쉰 지 오늘로 두 주째입니다. 1.5킬로미터를 빠른 걸음으로 왕복합니다. 집에서 출발해 해발 150미터의 와룡정에서 5분 쉬었다가 내려오면 50분쯤 걸립니다. 미션 완료죠.

늘샘, 저는 성곽길을 오르기 전까지는 운동이 예배라고 생각해 본 적이 한 번도 없었어요. 제게 운동은 어떻게든 피하고 싶은 것, 의식적으로 생각하기 싫은 것이었으니까요. 그런데 어쩔 수 없이 운동을 하다 보니, 운동과 예배의 공통점이 보이더라고요. 우리가 매 주일 드리는 예배가 늘 감격적이진 않잖아요? 예배에서 들었던 모든 설교가 기억나지도 않고요. 때로는 예배를 드리러 가기 싫은 날도 있고, 드물지만 예배에서 시험에 들 때도 있고요. 하지만 나를 예배의 자리에 데려다 놓으면, 후히 주시고 꾸짖지 아니하시는 그분의 은혜를 맛보게 되잖아요? 그 예배가 쌓여서 오늘의 저를 만들었다는 건 확실하죠. 운동도 마찬가지인 것 같아요. 헥헥거리며 시뻘건 얼굴로 언덕을 오르는 모습은 영 볼품없지만, 그 시간이 천천히 쌓이는 사이에 체력이 좋아질 거라고 믿어요.

성곽길을 걸은 지 한 달 반이 지났지만 저는 여전히 운동을 즐기지는 못하고 있어요. 나를 지켜야 한다는 의

무감에 억지로 집을 나서요. 하지만 이 훈련이 제가 저답게 존재하도록 만드는 과정이라고 믿기에 걸음을 내딛습니다. 끝없이 이어지는 계단 길을 오르다 보면 "주여!"가 저절로 나와요. 일상에서는 주님을 부를 일이 별로 없는데 운동을 하면 수시로 부르게 되는구나… 우거진 나무 사이를 걷는 동안 자연 속에서 나를 살아있게 하시는 하나님을 몸으로 예배합니다. 가쁜 숨을 몰아쉬며 하나님이 귀하게 창조하신 저 자신을 좀 더 귀하게 여기고 돌보렵니다. 이 산지, 아니 언덕을 제게 주시길. 피톤치드를 덤으로 가져갈게요.

혜화동에서 혜덕 드림

복된 사람은 망친 케이크도 즐거워하시는
하나님을 모시니

피톤치드로 충만하신 등린이 작가님께

　작가님께 편지를 받고 왠지 어디선가 피톤치드 냄새, 솔 향기가 나는 것만 같았는데요, 서신을 끝까지 읽고 나서 그 이유를 찾을 수 있었습니다. 작가님도 저도 서로에게 식물 향기를 뿜어내고 있었군요. 저희가 이렇게 편지를 주고받게 된 데는 이유가 있지 않을까요? 서신 교환을 시작하기 전에는 몰랐지만, 작가님과 저 사이에는 꽤나 큰 연결고리가 있었던 것 같아요. 물론 무척 다른 면도 있죠. 그래서 저희의 편지가 서로에게 더욱 풍성한 삶을 선사하기도 하고요.

　식물 1급 살해 면허라니요! 끔찍하군요. 하지만 그 말씀을 저는 잘 이해합니다. 저도 식물과 항상 친하지는 않았어요. 한때 크로커스를 키우면서 꽃이 주는 기쁨과 슬픔을 만끽하기도 했지만, 식물 돌보기란 참 어렵더라고요. 농부는 섬세하면서도 동시에 무심해야 하는데, 저는 계속 친구들을 귀찮게 했답니다. 그래서 식물을 돌보며 과유불급을 배웠습니다. 특히 저는 잘 자라기를 바라는 마음으로 물을 너무 많이 줘서 살해를 저지른 적이 많답니다. 다행히 올해 깻잎 농사는 나쁘지 않았어요. 세로토닌도 마음껏 누렸고, 깻잎도 많이 먹었습니다. 마침 오늘 저녁에도 삼겹살을 구워서 깻잎에 싸 먹었네요. 아직도 배가 부릅니다.

　아, 한국은 장마를 지나 더위의 한가운데를 지나고 있겠군요. 생각만 해도 끔찍합니다. 서울 날씨를 보니, 지금은 한풀 좀 꺾인 것 같군요. 그래서 한국의 여름은 언제나 쉽지 않았던 기억입니다. 더위와 싸우기도 힘든 이 여름에, 작가님은 암과 싸우시고, 불면증과 붙으시고, 우울감과 맞서셨군요. 가슴이 참 아픕니다. 편지를 읽다가 잠시 멈췄습니다. 그만큼 먹먹함이 제게 크게 다가왔습니다. 그렇게 '작가님'이 글을 못 쓰실 지경에 이르렀

다니, 심지어 가라앉고 계셨다니, 제 허파에 물이 차오르는 느낌이 들었습니다.

저도 물에 깊이 빠진 듯한 감정에 허우적거리고 있다가, 뒤에 쓰신 글을 읽고 작가님이 언덕을 오르듯 저도 강물에서 벗어나는 느낌을 받았습니다. 운동을 싫어하시는 작가님이 운동을 시작하셨군요! 저도 어릴 때부터 운동이 참 싫었고, 힘들었습니다. 초등학교 때는 이단 뛰기를 못한다고 선생님이 방과 후에 남으라고 하셔서는 성공할 때까지 집에 못 간다고 하셨던 기억도 나네요. 저처럼 운동을 싫어하시는 작가님이 운동이 주는 기쁨을 맛보셨다고 하니, 뛸 듯이 기쁩니다! 몸을 일으켜서 나간 날이 절반이라니, 엄청난 성과입니다. 한국 야구 세계에서 타율이 3할 이상, 그러니까 열 번 중 세 번 안타를 치면 상위 타선인데요, 작가님은 야구 선수로 치면 타율이 절반 넘는 것 아니겠어요? 물론 야구 선수가 우리의 운동신경과 체력을 보면 비웃겠지만, 제가 보기에 작가님은 이미 MLB에 화려하게 등판한 구원 투수만큼이나 훌륭하십니다. 저의 기립 박수를 보내드립니다.

아마 기억하시겠지만, 작가님께 보낸 편지 중에 예배를 통해 '영혼의 근육'을 단련하는 일을 언급한 적이 있습니다. 그래서 저는 운동과 예배는 비슷하다고 생각해요. 운동도 예배도 제대로 한다면 결코 쉬운 일이 아닙니다. 어떤 운동을 하든 거기에 집중해야 다치지 않고 성장할 수 있죠. 체계적으로 계획하고 실천해야 합니다. 예배도 마찬가지라고 생각합니다. 하나님께 온전히 몰입하지 않는다면, 오히려 시간만 버리는 일 아닐까요? 그런데 반대로 운동과 예배 모두 참 쉬운 일입니다. 어떻게든 무거운 몸을 이끌고 성곽길을 오른다면 우리의 심장과 다리는 튼튼해집니다. 어떻게든 상한 영혼을 끌고서 주님 앞에 몸져 눕듯 엎드린다면, 우리의 영혼이 쉼과 성숙을 얻을 테지요.

작가님의 몸이 튼튼해지듯, 하나님을 향한 사랑도 깊어져 가기를 간절히 바랍니다. 언덕을 오를 때는 한 걸음 한 걸음이 고통스럽고, 목표 지점이 멀게만 느껴집니다. 그러나 막상 원하던 지점에 도착해서 내려다 보면, 내가 언제 이렇게 높이 올라왔나 싶어지죠. 예배와 신앙도 마찬가지인 것 같아요. 무거운 영혼을 끌고 나와 예배의 자리를 지키는 일도 어렵지만, 숨쉬기조차 버거운 상황 속에서 일상을 예배로 드리는 일 또한 쉽지 않습니다. 그러나 그렇게 오르다 보면, 언젠가 "내가 어떻게 이렇게 성장했지?" 하는 날이 오리라 믿습니다.

작가님은 우울감과 싸우기 위해 언덕 오르기를 시

작했다고 하셨는데, 저는 꿀꿀한 날이면 베이킹이 하고 싶어집니다. 베이킹 중에서도 케이크 만들기를 좋아합니다. 작가님은 빵이나 케이크를 만들어 본 적이 있으신가요? 저는 이 빵 저 빵을 만들어 보았는데, 너무 어렵지 않으면서도 맛있는 제누와즈 케이크를 가장 좋아합니다. 미니 오븐만 있으면 누구나 만들 수 있지요.

그런데 케이크 만들기가 취미라고 해서 언제나 아름다운 케이크를 만들지는 못했습니다. 제일 처음 시도했던 치즈 케이크는 맛은 나쁘지 않았으나 모양이 너무 별로였죠. 아들의 생일을 기념해서 만들었던 딸기 케이크는 처참하게 실패했습니다. 제누와즈가 충분히 부풀지 않았거든요. 존재의 의미를 잃은 케이크, 딱딱하고 납작한 케이크는 누구의 입에도 들어가지 않았습니다.

"악마는 디테일에 있다"라는 말을 들어 보셨나요? 정확한 출처를 알 수 없는 이 관용구의 의미는 간단합니다. 사소해 보이는 작은 요소가 결국 큰 역할을 한다는 뜻이죠. 저는 베이킹 역시 디테일이 핵심이라고 생각합니다. 오븐을 제대로 예열하지 않으면 빵은 익지 않고, 생크림은 조금만 더 저어도 분리되어 버리고, 효모는 온도가 조금만 어긋나도 발효를 포기해 버리고, 밀가루는 체에 치지 않으면 뭉쳐 버리지요. 지구상에서는 매일 수

많은 사람들이 실패한 케이크를 보며 좌절감과 실패감을 경험합니다.

저는 그날 부풀지 않은 제누와즈를 보며, 차마 케이크라 부를 수 없는 저의 딸기 생크림 케이크를 보며, 우리의 인생이 얼마나 연약한지 다시금 깨달았습니다. 딱딱한 제 작품을 보며 제 인생이 얼마나 허약한지 생각했습니다. 그러면서 저도 모르게 하나님께 기도했습니다. "주님, 사람은 어찌 이토록 덧없고, 무르고, 약한지요?" 시편에는 이러한 인생의 연약함이 얼마나 자주 등장하는지 모릅니다. 하나님은, 사람을 가고 다시 돌아오지 않는 바람이라 하시고 그저 먼지에 불과한 존재라고 하십니다. 그들을 티끌로 돌아가게 하시고 홍수로 쓸어가시지요. 우리는 케이크처럼 뭔가 조금만 틀어져도 무너져버리는 인생입니다.

그런데 하나님은 오히려 케이크 같지 않은 케이크처럼 부족한 우리의 예배를 받으신다고 하십니다. 예수님은 심령이 가난한 자에게, 애통하는 자에게 복이 있다고 하셨습니다. 다윗은 하나님이 구하시는 제사가 상한 심령이라면서, 그분은 상하고 통회하는 마음을 멸시하시지 않는다고 노래했습니다. 또 이사야 선지자는 하나님의 말씀을 이렇게 대언했습니다. "하늘은 나의 보좌요

땅은 나의 발판이니, 너희가 나를 위하여 무슨 집을 지으랴? … 무릇 마음이 가난하고 심령에 통회하며 내 말을 듣고 떠는 자, 그 사람은 내가 돌보려니와"사 66:1~2. 먹을 수 없을 정도로 망해 버린 케이크를 보며 저는 인생의 연약함을 느끼고, 동시에 가난한 마음을 소유한 자의 예배를 즐거이 흠향하시는 하나님을 생각하며 기도했습니다. "하나님이여, 불쌍히 여기소서. 나는 죄인이로소이다."

우리는 하나님 앞에서 완벽한 케이크로 서기를 원합니다. 거칠거나 뻑뻑하거나 울퉁불퉁하거나 쉽게 부서지는 케이크가 되지 않기를 원합니다. 생크림이 너무 딱딱하지도, 너무 무르지도 않은 케이크가 되기 원합니다. 물론 하나님은 우리에게 온전함을 기대하고 원하십니다. 당연히 우리가 온 마음, 온 영혼, 온 육체로 하나님과 이웃을 사랑하기를 요구하십니다. 그러나 하나님은 겉으로 드러나는 결과나 외양보다는 우리의 의도, 진심, 영혼 가장 깊은 곳을 보십니다. 우리가 하나님이 없으면 아무것도 아니라고, 그리스도의 십자가와 은혜가 없으면 아무것도 아니라고 고백하면서, 가난한 심령으로 예배하기를 원하시지 않을까요?

이렇게 묵상하며 기도한 뒤로, 저는 케이크를 대하는 자세가 달라졌습니다. 사랑하는 사람을 위해 세 시간을 온전히 오븐의 제단에 바치겠다는 정열도 여전히 있고, 상대방의 입술과 혀끝에 감미로운 맛을 선사하겠다는 일념으로 정성을 다하는 헌신도 여전합니다. 그러나 이제는 케이크가 완벽하지 않으면 어쩌나 하고 걱정하지는 않습니다. 오히려 실패할 때마다 가난한 마음을 달콤하게 여겨 주시는 하나님을 묵상하고 기뻐하며 찬양하게 되었습니다.

작가님은 인생이 망가진 케이크처럼 느껴지신 적이 있나요? 혹시 요즘 그렇게 느끼신다면, 망가진 케이크를 맛있게 먹어 주시는 하나님을 생각하실 수 있기를 바랍니다.

남은 케이크를 즐겁게 마무리하며,
하늘샘 드림

슬기로운 취미 생활

존경하는 늘샘께

　늘샘의 편지를 받고 새삼스레 놀랐습니다. 망친 케이크에서 하나님을 묵상할 수 있는 영성의 소유자라니요. 빈정대는 말이 아니라 진심입니다. 일상이 예배가 된다는 건 이런 경지가 아닐까요?
　우리가 편지를 주고받은 지 벌써 만 2년이 넘었는데요, 늘샘의 편지가 차곡차곡 쌓이면서 저는 한 가지를 확실히 알게 되었어요. 삶이 예배이고 예배가 삶인 순간은 어느 날 뜬금없이 뚝 떨어지는 게 아니라 부단한 기도를 통해 주어진다는 사실을요. 늘샘은 설거지하고 쓰레기를 버리고 산책하면서, 책을 읽고 커피를 내리고 약을 먹으면서, 때로는 멍을 때리고 물을 마시고 텃밭을 가꾸면서, 그리고 심지어 망가진 케이크를 보면서 기도를 드리는 사람입니다. 존경합니다, 늘샘. 존경의 마음이 우러나니 이전의 편지들에서 늘샘을 호빵, 미어캣, 염소라고 놀렸던 걸 반성하게 되네요.

기도라는 단어를 떠올리면 즉각 연상되는 성경 구절이 있어요. "쉬지 말고 기도하라"살전 5:17인데요, 저는 바울의 이 말에 약간의, 아니 상당한 거부 반응이 듭니다. 이 말은 청유문(기도합시다)이 아니고 명령문인 데다가, '쉬지 말고'의 부정적인 어감까지 더해져서 '얄짤' 없이 매정하게 들리거든요. 이 구절 바로 앞의 "항상 기뻐하라"와 "범사에 감사하라"도 넘사벽이지만, 이 구절만큼 부담스럽지는 않습니다. 틈만 나면 쉬고 싶은데, 피로 사회에서 쉬지를 말라니…. 저도 모르게 아랫입술이 비쭉 나와요. 이 구절에 대한 알레르기 반응을 다스리려고 다른 번역을 찾아보았는데요, 공동번역은 '쉬지 말고'를 '늘'로, 새번역은 '끊임없이'로 옮겼더라고요. '쉬지 말고'보다는 숨통이 좀 트이는 기분이 들었습니다만, 늘 기도하라, 끊임없이 기도하라는 말도 여전히 부담스러워요.

    아마도 이 구절에 대한 과민 반응은, 돌아가신 저의 외할머니께 기인했을 거예요. 외할머니는 말 그대로 기도의 특급 용사셨거든요. 식구들이 잠이 깨든 말든, 새벽부터 찬송가를 부르고 성경을 읽고 기도하셨습니다. 1년 365일 중에 하루도 거르는 날이 없었어요. 혼자서 광야의 수도자처럼 끈질기고 꾸준하게 기도하셨죠. 시간을 재 보지 않았지만 외할머니의 새벽 예배는 한 시간은 너끈히 넘었던 것 같아요. 어린 시절에 깊이 각인된 전투적인 기도의 이미지는 쉽사리 바뀌지 않죠. 거기에 성장기에 들었던 각종 설교와 가르침이 추가되니 기도를 많이, 오래 하는 것이 선하다는 결론에 이르렀어요. 그런데 제 기도는 들쭉날쭉하고 짤막한 게 도무지 볼품이 없달까요. 언제부터인지 모르겠지만 기도는 하고 싶은 것이 아니라 해야 하는 것, 해도 해도 부족한 것이 되었습니다.

    그런데 늘샘의 편지에 담긴 기도의 장면들은 버겁게 느껴지지 않았어요. 각을 잡고 기도해야 할 것만 같은 의무감도 들지 않았고요. 늘샘이 이런 기도 같지 않은 기도만 드릴 거라고 생각하지는 않습니다. 직업이 목사이니 정해진 시간에 규칙적으로 기도하시겠죠. 하지만 늘샘의 편지에 담긴 기도야말로 제가 도전하고 싶은, 늘, 끊임없이, 쉬지 않고 드릴 수 있는 기도가 아닐까 싶어요. 늘샘처럼 삶의 순간마다 하나님을 의식하며 겸허하게 고개를 숙이고 싶습니다.

공부와 연구가 본업인 늘샘이 케이크를 구우며 기분 전환을 하는 것처럼, 저도 살면서 우울하고 지루한 순간들을 만났을 때 취미라는 우회로에 들어서곤 했어요. 취미는 말 그대로 전문적으로 하는 것이 아니라 즐기기 위해서 하는 일이잖아요? 제누와즈가 떡이 된들 어떠하리… 가 가능한 건 늘샘이 파티시에가 아니라서겠죠. 취미니까 결과물이 시원찮아도 괜찮잖아요. 취미는 생업과 본업에 눌린 마음과 영혼에 활기를 불어넣어 줍니다. 앵무새처럼 뜻도 모르고 하는 말이 아니라 오랜 경험에서 푹 고아 낸 말이에요.

저는 다방면에 관심이 많아서 여러 취미를 섭렵했습니다. 제누와즈는 20대 초반에 처음 구워 봤던 것 같아요. 제누와즈보다 만드는 과정이 까다롭지 않은 바나나 초콜릿 머핀이나 땅콩버터 쿠키를 곧잘 굽곤 했죠. 결혼하기 직전에는 퀼트를 배웠는데, 신혼 시절 밤늦게 돌아오는 남편을 기다릴 때 유용했어요. 30대 중반에 대학 부설 연구소에서 일할 때는 대학생들을 가르치는 강사님께 해금을 배웠습니다. 3년 넘게 열심히 연습했죠. 몇 년 전에는 수채화에 꽂혔어요. 학교에서 후다닥 점심을 먹고 20분 동안 야외에서 그림을 그리기도 했습니다. 작년에는 기타를 배우려고 시도했고요. 이 취미들은 저의 거대한 취미 왕국의 일부입니다. 취미 하나하나에 집중하는 동안에 저는 순수한 즐거움을 한껏 누렸어요.

이 잡다한 취미들 중에서 하나만 골라 정진했으면 어땠을까요? 진득하게 한 우물만 팠다면 초보자 수준을 벗어났을 테니 더 깊고 풍부하게 취미를 즐길 수 있었을까요? 이런 질문은 제게는 별 의미가 없습니다. 다방면에 관심이 많다는 말은 '주의 산만'의 완곡한 표현이거든요. 저는 한 가지 취미에 꽂혀서 몰두했다가도 금세 다른 데로 눈을 돌리고 말아요. 광활한 취미의 바다에서 뭐라도 하나 건져 올리면 그걸로 충분하니까요. 영원히 아마추어인들 어떠하리… 취미는 취미일 뿐이고, 즐거웠으면 그만이죠.

그런데 늘샘, 최근에 저는 취미를 잃어버렸어요. 한 가지도 아니고 몽땅 말이에요. 삶을 아기자기하게 수놓던 소소한 재미를 맛본 게 언제인지 기억이 안 나요. 늘샘의 편지를 읽으면서 어쩌다가 저의 취미들이 블랙홀로 빨려 들어갔는지 되짚어 보았어요. 지난여름, 수술과 치료를 마친 지 몇 달이 지났는데도 체력이 회복되지 않고, 글은 안 써지고, 마음은 한없이 가라앉았어요. 참혹했죠. 삶에 제대로 눌렸어요. 이런 판국에 취미라니? 가당찮았어요. 취미는 취미일 뿐이잖아요. 저는 본업으로 승부를 내고 싶었어요. 취미에 쏟을 정성과 에너지가 있다면 그것마저 글쓰기에 투여하겠다는 각오로 노트북을 열었죠. 소소한 즐거움 따위는 필요 없어! 제대로 된 성과를 내고 싶어서 제 손으로 취미 왕국을 봉쇄해 버렸습니다.

어떻게든 다시 글을 써서 사라진 자존감을 되찾겠다고 주먹을 불끈 쥐었지만 몇 시간씩 책상 앞에 앉아서 발버둥을 쳐도 글은 더 꼬이고, 맥락은 산과 바다를 넘어 우주 공간으로 쭉쭉 뻗어갔어요. '도대체 무슨 말을 하고 싶은 거래?' 한 문단을 완성할 때마다 속에서 질문이 빗발쳤어요. 글을 쓰는 내가 쩔쩔매며 그 질문에 답을 하면 그 글을 읽는 또 다른 내가 더 예리한 질문을 던졌어요. '진짜 뻔하지 않아? 이런 말을 굳이 글로 써서 종이를 낭비해야 해?' 두 자아가 설전을 벌이는 사이에 좌절감이 집중 호우로 쏟아졌어요. 익사하지 않으려면 노트북을 닫아야 했죠.

앞서 보내신 달콤한 편지에서 인생이 망친 케이크

처럼 느껴진 적이 있냐고 물으셨는데요, 마침 잘 물어주셨어요. 지금이 바로 그때입니다. 여전히 글은 잘 안 써져요. 게다가 지난달에 신간을 출간했는데 반응이… 미미합니다. 청소년 독자에게 글쓰기의 즐거움과 보람을 알리는 에세이라 큰 관심과 주목을 받기는 어려울 거라고 예상은 했지만, 막상 현실을 마주하니 우울합니다. 잘 팔리지 않네요. 갓 펴낸 책이 1쇄도 소진하지 못하고 창고에 켜켜이 쌓인 모습을 상상하게 됩니다. 이번 생에 과연 전업 작가가 될 수 있을지 모르겠어요. 늘샘, 저는 제대로 망한 걸까요?

삶에 재미와 기쁨이라고는 좀처럼 찾아볼 수 없었던, 기나긴 여름이 엊그제 끝났습니다. 가을장마라고 불러도 좋을 만큼 비가 퍼부었다가 아침 최저 기온이 드디어 20도 아래로 내려왔어요. 선선한 바람이 불어오니 계절의 변화에 올라타고 싶었어요. 그 바람이 마음까지 닿도록 뭔가 작은 시도를 해 보고 싶었어요. 잘 안 써지던 글이 갑자기 잘 써지지는 않겠지만, 취미의 기쁨을 되찾는 시도는 할 수 있을 것 같았어요.

웨스트민스터 소요리문답 1번은 사람의 제일 되는 목적이 "하나님을 영화롭게 하는 것과 영원토록 그를 즐거워하는 것"이라고 하죠. 초등학생 때 이 문구를 암송

하면서 '도대체 하나님을 즐거워하는 게 뭐야?' 하고 고개를 갸웃거렸는데, 쉰 살이 다 되도록 아직도 잘 모르겠어요. 하지만 한 가지는 알아요. 그분이 우리에게 주신 삶을 즐거워하는 순간순간이, 우리가 그분을 즐거워하는 것에 포함된다는 사실이요. 취미에 몰입하는 찰나는 짧지만 순도 높은 예배가 될 수 있다고 생각해요. 삶이 신의 선물임을 아는 슬기로운 사람이라면 지금 누리는 기쁨을 허락하신 분께 감사를 드릴 테니까요.

우리가 처음 서신 교환을 시작했을 때, 제가 늘샘에게 수를 놓은 책갈피를 보냈던 것 기억나시죠? 다시 책갈피를 만들어 보려고 어제 흰색 크라프트지를 주문했어요. 늘샘, 잊었던 취미를 부활시켜 주어서 고마워요. 택배가 도착하면 기쁨과 감사의 시간이 시작될 거예요.

혜화동에서 혜덕 드림

땀 흘리며 물불과 씨름하는 자의 환희

취미의 기쁨을 되찾고 계실 작가님께

작가님이 제게 쓰신 편지의 첫 부분을 읽고 웃음을 참을 수가 없었습니다. 저를, 망친 케이크에서 하나님을 생각할 수 있는 영성의 소유자로 보셨군요! 진심으로 소리 내어 웃었습니다. 저는 정말 그렇게 고고하게 삶의 모든 주름과 계곡 속에서 주님만을 찾는 성자는 아니거든요. 그런 경지에 도달했다면 얼마나 좋을까요? 제 인생 가운데 망친 케이크 같은 순간을 찾으라면 수없이 많은데요, 아마 케이크를 백 번 망칠 때마다 한 번 정도 하나님을 묵상한다고 보는 게 더 정확할 것 같습니다. 그렇게 드물게라도 주님을 깊이 생각할 수 있다면, 그게 바로 은혜가 아닐까요? 은혜란 늘 멀리 있지는 않다고 하겠습니다.

    삶이 예배가 되기 위해서는 부단한 기도가 쌓여야 한다는 작가님의 말씀에 박수치며 깊이 동의했습니다. 하지만 존경한다고 하셔서 갑자기 마음이 무거워졌습니다. 저는 작가님께 존경받을 만한 사람이 아니거든요. 그렇지만 여전히 감사한 마음이 제 영혼 속에 충만합니다. 왜냐하면 저는 작가님과 편지를 주고받기 시작하면서 기도 하나를 시작했거든요. 우리가 이 서신 교환을 통해 좀 더 예배를 이해하게 되고, 더욱 하나님을 묵상하는 예배자가 되게 해달라고 말이죠. 우리 주님은 두세 사람이 주님의 이름으로 모인 곳에 함께 계신다고 하셨지요. 저는 그 말씀이 교회를 가리킨다고 믿지만, 우리 두 사람이 글로 대화를 나눌 때도 함께 하셨다고 믿어요. 성령님이 작가님과 제 영혼 속에 있는 '예배하는 마음'에 매번 물을 주고 계셨다고 확신합니다. 아, 결국 서신 교환 그 자체가 예배인 것일까요!

    진실을 고백하자면, 저도 "쉬지 말고 기도하라"는 말씀이 참 힘들었어요. 어릴 때부터 무거운 말씀이었고,

지금도 꽤 두려운 구절입니다. 저는 요즘도 그렇게 생각해요. 사람을 굳이 두 종류로 나눈다면, 기도하고 찬양하며 하나님과 보내는 시간을 즐거워하는 사람이 있고, 밖에 나가서 사랑을 실천하는 편을 더 쉽게 여기는 사람이 있는 것 같습니다. 물론 그 둘을 완전히 나눌 수는 없겠죠. 하나님과 보내는 시간과 이웃을 사랑하는 시간, 둘 다 결코 포기할 수 없는 단짝이 틀림없습니다. 그러나 성향상 누구나 둘 중 하나를 조금 더 편하게 생각하더라고요. 그리고 다른 하나를 상대적으로 좀 더 어렵게 느끼고요. 작가님과 저는 아무래도 기도보다는 무언가 일하는 것을 선호하는 종류의 사람이 아닐까요? 저희 같은 사람은 의도적으로 하나님과 데이트하고, 말씀을 읽으며 기뻐하고, 기도의 자리로 나아가야 한다고 생각합니다. 쉽지 않은 만큼 더 소중한 성장의 방향이라고 생각해요. 반대로 기도를 더 좋아하는 사람들에게 물어보니, 이웃을 섬기는 일이 부끄럽고 부담스러운 사명이라 하더군요! 각자 자신에게 부족한 부분을 채우기 위해 내딛는 힘찬 걸음이 아름다운 달음질이 아닐까요?

지금까지 작가님과 편지를 주고받으며 행복한 순간이 참 많았습니다. 그런데 이번 편지에 제 심금을 울리는 구절이 있네요. "늘샘의 편지에 담긴 기도야말로 제가 도전하고 싶은, 늘, 끊임없이, 쉬지 않고 드릴 수 있는 기도가 아닐까 싶어요." 제 진심이 작가님께 가 닿았다는 확신이 들게 만드는 글귀였습니다. 제가 작가님께 무언가를 가르쳐 드렸다고는 생각하지 않습니다. 우리가 편지를 교환하며 기도란 무엇인지 함께 고민한 결론이 아닐까요? 물론 저는 목사라서가 아니라, 한 명의 신자로서 시간과 장소를 정해 홀로 기도하는 시간이 있어야 한다고 믿습니다. 그러나 일상에서 예배와 기도와 찬양의 순간을 만끽하는 그 기쁨, 그 환희를 작가님과 나누고 싶었고, 계속 공유하기를 염원합니다.

　작가님 말씀대로 취미는 과연 본업이 아니기에 편하게 할 수 있는 일 같아요. 성공, 돈, 명성이 달린 일이라면 쉽게 시간을 쓸 수 없겠죠? 저도 파티시에였다면 속 편히 거품기를 마음껏 흔들 수 없었을 테지요. 그러면서 동시에 본업으로 승부를 내고 싶다는 작가님의 입장에 대해서도 고개를 끄덕이며 공감했답니다. 사실 저도 취미가 거의 없다시피 하거든요. 취미를 갖기엔 너무 바쁜 인생이랄까요. 제가 어떤 하루, 어떤 일주일, 어떤 일 년을 보내는지 작가님께 지루하게 일일이 열거할 수 없지만, 분명 취미는 제게 사치처럼 느껴져요. 그래서 어떻게든 두 가지 일을 동시에 한답니다. 예를 들어 우리 집을 환하게 비추는 안해님의 생일을 기념하기 위해 케이크를 만들면, 일석이조가 되지요. 또 자녀들과 함께 자전거를 타면, 운동과 육아라는 토끼를 동시에 잡을 수 있지요.

그런데 취미에 깊이 몰두하는 순간에 하나님을 예배할 수 있다는 작가님의 통찰을 듣고 제 머리 위에 전구가 켜졌습니다! 하나님을 영화롭게 하는 일, 그분을 즐거워하는 일이 때로는 멀리 있지 않다는 깨달음을 얻었습니다. 저는 어쩌면 너무 진지했던 것 같아요. 하나님 나라를 세우기 위해서는 중요한 과업, 위대한 사업을 벌여야 한다고 말이지요. 그러면서 하나님이 우리에게 각 찰나를 신물로 주시고, 그 선물을 누리기 원하신다는 점은 종종 간과해 왔습니다. 저도 작가님처럼 자수해야 할까 봐요. 제게 기쁨을 주는 일을 찾아서 그 일에 몰입하고, 하나님이 그 환희를 주셨음에 감사하며 찬양해 보겠습니다. 생각만 해도 벌써 기뻐지네요!

앞서 제게 취미란 실용성을 반드시 동반해야 한다고 말씀하셨었지요? 그래서 제가 즐겨하는 활동 중 하나가 바로 요리랍니다. 요리하는 동안에는 무언가를 창조하는 데서 오는 기쁨이 참 큽니다. 또 보기에 즐겁고 맛도 훌륭한 식사를 완성했을 때 오는 뿌듯함과 보람이 있지요.

하지만 제가 요리를 즐기는 데는 더 큰 이유가 있습니다. 제가 땀을 흘리며 정성을 쏟아서 탄생시킨 음식을 맛보고 미소짓는 가족을 볼 때, 인생의 다른 분야에서는 결코 느낄 수 없었던 희열을 체험할 수 있었습니다. 안해와 제가 집안일을 나눌 때 안해가 요리를 주로 하고 싶다고 했고 덕분에 제가 다른 집안일을 주로 하고 있습니다. 그럼에도 제가 기회가 될 때마다 부엌에서 물, 불, 기름, 온갖 양념과 씨름하는 이유가 바로 거기에 있습니다.

작가님도 잘 아시겠지만, 요리는 결코 쉬운 일이 아닙니다. 특히 여름 요리가 어렵지요. 안 그래도 더운데 뜨거운 불 앞에서 재료를 다뤄야 합니다. 어떤 음식을 먹을지 선정해 재료를 구매해야 하고, 또 손질해야 하죠. 뭄 조절과 불 조절은 또 왜 그리 어려운지 모릅니다. 고기는 덜 익혔다가는 배가 아플까 두렵고, 너무 익혔다가는 질기다는 불평을 면치 못하지요. 그러나 땀을 삐질삐질 흘리며 여러 냄비와의 밀당을 감내하는 이유는, 저의 고난이 가족의 입속과 위장에게 기쁨을 주고, 그들의 눈동자를 잠깐이나마 반짝이게 할 수 있다는 보상 때문이었지요.

요리라는 종합 예술을 힘겹게 마치고 나면, 저도 모

르게 기도가 터져 나옵니다. "주님, 감사합니다. 일용할 양식을 주신 주님을 찬양합니다. 제 손으로 만든 이 음식으로 가족에게 기쁨을 주게 하시니 감사합니다. 저희의 몸과 영혼을 날마다 배불리 먹이시는 하나님이 바로 이런 기쁨을 누리시는 거군요!"

저는 요리를 할 때마다 엘리야 이야기가 생각납니다. 엘리야는 언제나처럼 하나님 말씀에 순종했을 뿐인데, 목숨이 위협당하는 상황에 처했지요. 심지어 자기를 죽이고자 하는 사람은 권력자였던 왕비 이세벨이었습니다. 당연히 엘리야는 자기 목숨을 지키기 위해 도망갔습니다. 사람이 없는 광야로 가서 그 유명한 로뎀 나무 아래에 앉아 쉬었지요. 엘리야는 거기서 하나님께 자신을 죽여 달라고 애원합니다. 하지만 하나님은 그 간청에 대해 가타부타 말씀하지 않으십니다. 오히려 침묵하시지요. 그리고 그가 자고 있을 때 천사를 보내 깨우시고 일어나서 먹게 하십니다. 엘리야는 다 먹은 뒤 다시 잠을 자는데, 하나님은 또 천사를 보내 깨워서 다시 먹게 하십니다. 그렇게 힘을 회복한 엘리야는 하나님의 산 호렙으로 가지요.

분명 하나님은 위대한 사명을 위해 엘리야를 먹이셨습니다. 엘리야에게는 하나님 나라를 위한 중대한 과

업이 있었지요. 그러나 하나님도 엘리야가 먹고 기운을 차리는 모습을 보면서 뿌듯하고 기쁘지 않으셨을까요? 지친 몸과 영혼이 회복되는 모습을 보며, 하나님도 보람되지 않으셨을까요? 예수님도 부활 후 제자들을 위해 생선과 떡을 구워 주셨을 때, 마음 깊은 곳에서 환희를 경험하셨으리라고 생각합니다.

우리를 먹이시는 하나님의 깊은 만족을 묵상할 때마다, 저는 하나님께 간절히 기도합니다. 주님이 내 육신과 영혼을 날마다 넘치도록 먹여 주시기를, 원수의 목전에서 밥상을 차려 주시기를, 하나님이 나를 먹이시는 것처럼 나도 다른 육신을 먹이기 위해 섬기는 자가 되게 해주시기를, 하나님이 내 영혼을 소생케 하시는 것처럼 나 역시도 타인의 심령을 풍성하게 만드는 자 되게 해주시기를 말입니다.

물론 요리가 얼마나 힘든 일인지 압니다. 안해와 저는 종종 인간이 왜 먹어야 하는지, 왜 한국인은 세 끼를 먹어야 든든하다고 생각하는지에 대해 의문을 가지며 함께 불만을 토로하기도 합니다. 우리가 매번 요리할 때마다 기쁨과 환희로 충만할 수 없다는 점, 너무나 잘 알고 있습니다. 그러나 안 그래도 힘든 요리를 어떻게든 예배의 자리로 만들려는 저의 몸부림, 그 몸부림을 작가님과 나누어 보고 싶었습니다. 언젠가 작가님께도 제 부족한 요리를 보여 드릴 기회가 있으면 좋겠네요!

불 앞에서 사투하느라 흘린 땀을 닦으며,
하늘샘 드림

일용할 양식을 주신 주님을 찬양합니다.
제 손으로 만든 이 음식으로 가족에게
기쁨을 주게 하시니 감사합니다.
저희의 몸과 영혼을 날마다
배불리 먹이시는 하나님이
바로 이런 기쁨을 누리시는 거군요!

친구와 여행을 떠나요

불불을 가리지 않는 늘샘께

'이 세상에서 제일 보기 좋은 것이 자식 입에 밥이 들어가는 모습'이라는 말을 들어 본 적이 있나요, 늘샘? 이 속담의 완전체 버전은 세상에서 제일 보기 좋은 것으로 한 장면을 더 꼽아요. 자식 입에 밥이 들어가는 모습과 짝을 이루는 구절은 '마른 논에 물 들어가는 모습'입니다. 이 보기 좋은 장면들은 농경 사회를 배경으로 탄생했음을 알 수 있죠. 농사를 지으며 살았던 평범한 사람들은 대체로 가난했고, 가을에 수확한 쌀이 떨어지면 봄에 보리를 수확할 때까지 주린 배를 채우기가 어려웠다죠. 살기 위해 풀뿌리든 소나무 속껍질이든 입으로 들어갈 수 있는 건 무엇이라도 먹어야 했고요. 부모들은 자식이 배를 곯는 모습을 안타깝게 바라볼 수밖에 없었을 거예요. 자식 입에 밥이 들어가는 모습을 생애 최고의 명장면으로 꼽을 정도로 먹고살기가 어려웠다니, 문득 슬퍼지네요.

보릿고개는 1970년대 이후로 사전에만 남은 단어가 되었습니다. 겨우 반세기 전의 일인데도 제게는 까마득하게 먼 옛날의 이야기로 들립니다. 제가 경험하지 않은 세대의 일이니까요. 우리는 음식이 지천으로 널린 세상에서 삽니다. 제 아이들은 식사가 제때 준비되지 않아서 한두 시간 동안 배고픔을 느낀 적은 있어도 굶주림을 경험한 적은 없습니다. 늘샘의 아이들도 마찬가지일 거라고 생각해요. 하지만 우리와 동시대를 살아가는, 같은 하늘에서 태양이 뜨고 달이 지는 걸 보는 약 80억 명의 사람들 중에서 7~8억 명은 주린 배를 움켜쥐고 잠을 청한다고 합니다. 유엔 식량농업기구와 유니세프 등의 국제기구들이 연합해서 작성한 보고서('2022 세계 식량 안보와 영양 현황')에 따르면 지구적인 굶주림의 원인은 코로나19와 경기 침체, 러시아의 우크라이나 침공, 기후

악화 등이 주된 요인이라고 하네요. 안타깝게도, 굶주리는 사람에 대한 이야기는 우리에게 별다른 감흥을 일으키지 못합니다. 그들의 굶주림을 어쩔 수 없는 현실로 받아들인 지 오래고, 해결할 능력도 없습니다. 심지어 예수님마저도 가난한 자는 너희와 항상 함께 있을 것마 26:11이라고 말씀하셨잖아요?

늘샘의 편지를 받고서 저는 혼자 조용히 놀랐습니다. 늘샘이 말한, '우리를 먹이시는 하나님의 만족과 행복'을 저는 한 번도 생각해 본 적이 없다는 사실을 깨달았거든요. 늘샘이 설명한 것처럼 성경에는 하나님이 배고프고 지친 이들을 먹이시는 장면이 자주 나와요. 그런 장면 중에 오병이어 기적은 최고로 감동적이고 신비롭기까지 하죠. 이런 장면들이 낯설지 않은데, 어째서 저는 수없이 밥상을 차리면서도 우리를 먹이시는 하나님의 만족과 행복을 떠올리지 못했는지 궁금했습니다.

제 눈에는 저녁 식탁에 앉아 갓 지은 밥과 우렁된장찌개를 부지런히 떠먹는 제 아이들의 만족과 행복만 보입니다. 하지만 저의 근시안적인 시야와 비교할 수 없는, 세상 구석구석을 감찰하시는 하나님의 눈에는 굶주리는 그분의 자녀들, 그들이 겪는 고통과 절망이 더 크게 들어오지 않을까 싶습니다. 늘샘, 우리를 먹이시고 기뻐하시는 하나님의 마음을 깨닫게 해주셔서 감사합니다. 그 마음과 더불어 최초의 인류가 창조된 때부터 오늘에 이르기까지 모든 이들을 고루 먹이지 못해 안타까워하시는, 만족을 모르시며 행복할 수 없는 그분의 마음을 잠시 생각했습니다.

저는 요리를 즐기는 편이고, 제법 잘하기도 합니다. 늘샘이 음악 선생님이신 어머님의 영향으로 어렸을 때부터 음악을 듣고 즐기는 귀가 트인 것처럼, 저는 음식 만드는 일로 생계를 꾸린 친정어머님의 영향으로 주방과 친합니다. 다양한 맛의 세계를 경험하며 자란 것은 큰 자산이라고 생각해요. 맛의 세계에서 누리는 기쁨은 얼마나 원초적이고 다채로운지요. 저는 20년 가까이 가족을 위해 식탁을 차리며 그 기쁨을 주체적으로 누렸습니다. 하지만 제 아이들이 성장해서 식탁을 떠나면, 식구가 아니라 따뜻한 밥 한 끼가 간절한 사람을 위해 앞치마를 두르고 불 앞에 설 기회가 주어지기를 바라고 있습니다. 저는 그런 방식으로 우리를 먹이시는 하나님의 즐거움에 동참하기를 기대합니다. 늘샘은 앞으로도 지금처럼 물불을 가리지 않고 가정의 식사 준비에 동참하셔서 K-주방에 깃든 가부장제의 망령을 쫓아내는 모범을 보여주시고요.

저의 몸에서 육안으로는 볼 수도 없는, 작디작은 암세포를 발견하며 일련의 좌충우돌이 시작된 지 거의 1년이 다 되었어요. 그 1년 사이에 많은 것이 달라졌습니다만, 변하지 않는 것도 있더라고요. 삶에서 도망치고 싶다는 생각이 들었을 때 한결같은 위로와 응원과 격려를 보내 준 친구들이 있습니다. 그 친구들이 아니었다면 지금도 무기력증과 우울감에 휩쓸린 채로 종일 침대를 벗어나지 못했을지도 모르겠어요.

열흘 전에 친구 소철과 짧은 여행을 다녀왔습니다. 1박 2일 일정으로 부여에 들렀어요. 반나절 돌아다니면 방전되는 체력으로 장거리를 오갈 수 있을지 반신반의하면서 소철이 운전하는 차에 올랐습니다. 우리는 충청남도 부여군 외산면에 있는 무량사에 들렀습니다. 유홍준 작가님이 《나의 문화유산답사기》(창비)에서 무량사를 하도 극찬하셔서 꼭 가 보고 싶었어요. 단풍의 절정을 지난 평일 오후의 절집은 고요했습니다. 사람이라고는 소철과 저, 달랑 둘뿐인가 싶을 정도로 한가로웠어요. 바람 소리와 새 소리만 들리는 절 안뜰에서 석등과 오층석탑과 이층 지붕의 극락전을 한참 바라보았습니다.

소철과 저는 거의 30년째 친구입니다. 사실, 알고 지낸 지는 그보다 좀 더 오래되었습니다. 우리는 중학교

1학년 때 같은 반이었어요. 그때 소철과 저는 사이가 좋지 않았어요. 이유는 전혀 생각이 안 납니다만, 아주 대놓고 서로를 싫어했죠. 허연 송곳니를 드러내며 악을 쓰고 싸웠던 적도 있어요. 시간이 흘러 흘러 대학에 입학했을 때 주위에는 전부 모르는 얼굴이었는데 딱 한 명, 아는 사람이 있었어요. 소철이었습니다.

스무 살에 만난 소철은 작지만 단단하고 푸르른 기운이 감도는, 너무 멀쩡한 사람이었어요. 다행히 소철도 저를 멀쩡한 사람으로 여겨 주어서, 우리는 비로소 친구가 되었습니다. 학교를 졸업하고 사회생활을 시작한 뒤에도 꾸준히 우정을 쌓았습니다. 일을 하고, 아이를 키우고, 결혼 생활을 이어가는 과정에서 닥치는 삶의 고비를 하나씩 넘길 때마다 우리는 서로의 안녕을 기원했어요. 그 세월이 겹겹이 쌓이다 보니 서로를 더 깊이 이해하게 되었습니다.

늘샘, 아무리 가까운 사람이라도 내 속사정을 다 이해할 수는 없다는 말, 나 자신을 온전히 이해하고 용납할 수 있는 존재는 하나님뿐이라는 말을 들어 보셨죠? 설교 시간에 그런 말을 종종 들었던 기억이 나요. 틀린 말은 아니죠. 하지만 피조물과 창조자를 같은 수준에 놓고 비교하면 공평하지 못하잖아요. 익숙하고 번잡한 일상을 떠나 낯설고 고요한 장소에서 나를 이해하는 친구와 함께 시간을 보내면, 그 순간이 천국의 예고편이라는 사실을 절감해요. 눈에 보이지 않는 하나님이, 눈에 보이는 사람 친구를 통해 제가 사랑받고 있음을 깨닫게 하시더라고요. 저와 소철의 우정 속에 깃든 사랑, 그 사랑의 근원이신 분에 대한 감사와 경배가 절에서 절로 나왔습니다.

여행은 돌아오기 위해 떠나는 것이라고 하지요. 이번 여행에서 도망치고 싶었던 순간들을 흘려보내고 묵묵하게 삶을 버텨낼 기운을 얻었어요. 선우정아의 노래 가사처럼, 씩씩하게 제 자리로 돌아왔습니다. 인생이라는 긴 여행을 마칠 때까지, 짧은 여행을 떠나는 기회를 놓치지 않으려고 해요.

이 편지는 제가 늘샘께 보내는 '사적이며 공적인 편지'의 마지막 편지입니다. 제가 보낸 첫 편지에 이름을 적고 쉼표를 찍는 순간을 좋아한다고 썼는데요, 드라마 〈도깨비〉의 표현을 빌리자면 늘샘과 편지를 주고받으며 '늘샘,'이라고 쓴 모든 순간이 좋았습니다. 이름을 부를 친구가 있고 그 친구에게 내 마음에 소중히 간직했던 이야기를 전할 수 있어서, 그 이야기에 대한 친구의 이야기를 들을 수 있어서 행복했습니다.

우리는 자칫 흘려보내기 쉬운 일상의 순간, 무의미하게 반복되는 듯한 찰나를 붙잡아 하나님을 예배하는 이야기를 나누었습니다. 이 이야기는 삶의 가장 깊숙한 부분까지 은총의 빛이 닿기를 기원하는 마음에서 출발했고, 그 빛은 주방 싱크대에 처음 비쳤죠. 현란한 조명이나 웅장한 음향 효과는 없었습니다. 우리가 주목한 장면들은 거대한 사건들이 아니었으니까요. 마무리의 바통은 늘샘이 쥐고 있는데, 시작은 미약하였으나 끝은 창대…지 않고, 끝까지 미약하고 소소하기를 기대해 봅니다. 제 편지는 여기에서 끝나지만, 앞으로도 일상에서 예배의 순간을 좀 더 찾아내고 싶다는 마음이 듭니다. 제게 삶을 주신 분을 저의 방식으로 힘껏 경배하고 싶어요. 저의 친구이자 선생님인 늘샘을 본받아서요. 고맙습니다, 늘샘.

혜화동에서 혜덕 드림

세상에서 가장 쉽고도 어려운 믿음 고백

여행을 통해 삶의 무게를 견딜 근육을 얻으신 작가님께

 굶주리는 자녀를 지켜보는 부모의 심장만큼 아픈 마음이 있을까요? 제 첫 아이가 어릴 적에 심하게 아파서 금식을 시켜야만 했던 적이 있습니다. 아직도 그 처절했던 표정을 생각하면 가슴 한편이 아립니다. 먹고 살기 힘들었던 시절에 대해서는 부모님께, 특별히 아버지께 참 많이 들었습니다. 그런데 생각해 보면 저도 어릴 때 꽤 많이 배고팠던 것 같습니다. 이런 이야기를 공개적으로 꺼내면 부모님은 속상하실지 모르겠지만, 제 어린 시절 속에 배고픔은 꽤 큰 자리를 차지하고 있어요. 부모님이 교회를 개척하셨던 덕분이었습니다. 숫기라도 많았으면 동네 김밥 가게에서 외상으로라도 먹었을 텐데, 저는 그렇지 못했습니다. 하루는 길을 걷다가 배가 너무 고팠는데, 맛있는 국물 냄새가 나더군요. 바로 길가에서 파는 어묵 육수 냄새였습니다. 돈이 없었기에 국물이라도 마시고 싶어 얼마냐고 여쭈었는데, 아주머니가 "국물은 500원!"이라고 소리치셔서 울면서 집에 뛰어갔던 기억이 납니다. 아마 그분은 농담으로 하신 말씀이었겠지요.

작가님 말씀대로 우리는 진정 음식이 널린 세상에 살고 있습니다. 어디 음식뿐이겠습니까. 우리는 자극과 쾌락이 넘치는 세계에 살고 있습니다. 우리 두뇌는 늘 도파민으로 범람하는 듯합니다. 밥집만으로 모자라 맛집을 찾습니다. 맵고 짜고 달콤한 음식이 유행입니다. 또 15초 만에 시선과 관심을 사로잡기 위해 몸부림치는 세대가 이 세대입니다. 그런데 7~8억 명이 텅텅 빈 배를 안고 잔다고 하니, 상상도 하기 힘듭니다. 이는 제3세계의 문제만이 아닙니다. 제가 현재 거주하고 있는 미국에도 충분히 먹지 못하는 어린이들이 차고 넘치지요. 한국도 마찬가지리라 생각합니다.

모든 사람을 고르게 먹이지 못해 슬퍼하시는 주님

을 생각하셨다는 작가님의 말씀에 너무나 공감합니다. 저는 작가님 덕분에 광야에서 40일 동안 금식하셨던 그리스도를 잠시 묵상했습니다. 우리의 나약함을 충분히 공감하시는, 모든 면에 있어 우리와 동일하게 시험을 받으셨으나 죄는 짓지 않으셨던 그분을 숙고했습니다. 예수님은 금식하시는 동안 얼마나 배가 고프셨을까요? 우리의 허물 때문에 그분이 찔리셨고, 우리의 죄 때문에 그분의 육체가 부서졌다면, 또 그분이 우리를 위하여 가난하게 되셨다면, 그분의 배고픔 역시도 우리의 포만을 위해서 아닐까요? 그렇다면 그분을 믿는 작가님과 저는, 이 세상의 배곯는 이를 한 명이라도 줄이기 위해 더욱 애를 써야겠지요. 이런 생각을 갖게 해준 작가님께 감사드립니다. 요리를 잘하시는 작가님이 배고픈 사람을 위해 섬길 그날을 손꼽아 기다리신다고 하니, 얼마나 아름답고 귀한지 모릅니다. 그날이 오면 저도 불러 주세요. 함께 불 앞에서 사투하기 원합니다.

친구와 짧은 여행을 다녀오셨군요! 부럽습니다. 저는 아직 아이들이 어려서 그런지 친구와 여행을 갈 수 있는 환경은 아니네요. 《나의 문화유산답사기》에 나온 무량사를 다녀오셨다니 더욱 부럽습니다. 제가 고등학생이던 시절 필독서여서 억지로 읽었다가 사랑에 빠졌던

책이기에 그렇습니다. 그런데 그 고즈넉한 곳에서 천국을 맛보셨다니, 더더욱 부럽습니다! 참 감사한 일이네요. 사랑이라는 아름다운 꽃이 필 수 있도록 뿌리가 되어 주시는 하나님을 저 역시도 작가님과 함께 이곳에서 찬양했습니다.

작가님이 여행 이야기를 꺼냈을 때, 저는 문득 천상병 시인의 〈귀천〉이 생각났습니다. 제가 어릴 적 아버지께서 제게 가르쳐 주신 시 한 편인데, 거기에 이런 대목이 나옵니다. "나 하늘로 돌아가리라 / 아름다운 이 세상 소풍 끝내는 날 / 가서, 아름다웠더라고 말하리라." 작가님은 소풍이 아니라 여행을 다녀오셨지만, 저는 문득 삶이란 곧 여행이 아닌가 하고 생각했습니다. 인생은 참 여행 같습니다. 하나님의 따스한 품에서 이 세상으로 온 여행, 그리고 세상에서 다시 그분의 가슴으로 돌아가는 여정말입니다.

저는 이 시를 처음 들었을 때부터 죽음에 대해 깊이 생각하기 시작했던 것 같습니다. 요즘도 자주 죽음을 생각합니다. 모래가 손가락 틈 사이로 사라지듯 생명이 내 몸에서 흩어지는 그 순간, '나'라는 세계가 증발하는 그 순간, 흙에서 나온 이가 흙으로 돌아가는 그 순간을 종종 생각합니다.

죽음을 생각할 때마다, 저는 하나님을 알지 못하고 믿지 않는 세상 사람들의 믿음이 참으로 대단하게 느껴집니다. 그들은 저의 믿음을 신기하다 여기겠지요. 어떻게 보이지 않는 신을 예배하냐고 묻겠지요. 하지만 저는 오히려 어떻게 이 세상이 저절로 생겼다고 믿는지, 어떻게 만물이 사라지지 않고 제법 그럴듯하게 굴러간다고 생각할 수 있는지가 참 의아합니다. 그리고 믿지 않는 이의 믿음 중 가장 큰 믿음은 내일이 오리라 믿으며 잠에 드는 그 신앙이라 하겠습니다. 당장 내일 아침에 눈을 뜰지, 숨을 쉴지도 모르는데 어떻게 그렇게 당당하게 침대로 향하는 걸까요?

반대로 말하면, 저는 침대에 누웠을 때 제 영혼의 문을 힘껏 두드리는 두려움을 맞이합니다. '내게 내일이 있을까? 새 하루가 찾아올까? 이렇게 눈을 감는 이 순간이 내게 마지막은 아닐까?'하고 생각합니다. 이 짧고 굵은 두려움이 지나고 나면, 저도 모르게 기도가 터져 나옵니다. "주님, 간밤에도 저를 지켜 주시옵소서. 오늘 하루 제게 주신 것 감사합니다. 제게 내일도 허락해 주시옵소서. 내일 아침, 저를 건강히 깨워 주시옵소서."

생각해 보면, 잠은 믿음을 고백할 수 있는 가장 편안하면서도 어려운 수단인 것 같습니다. 가장 편안한 이유는, 그저 눈을 감고 힘을 빼고 누워 있기만 하면 되는 고백이기에 그렇습니다. 가장 어려운 이유는 내가 할 수 있는 일이 하나도 없는 순간이기 때문입니다. 인간은 뭐든지 자신이 하려고 합니다. 내가 노력하고 내가 애써야 영광도 내가 가져가지요. 또 우리는 모두 교만하기에, 내가 정답을 알고 있다고 생각합니다. 때로는 하나님이 아닌 내가 결정하고 판단하는 편이 낫겠다고 확신하기도 하지요. 그런 우리에게 잠이란 모든 욕망과 자만과 자기 결정권을 내려놓는, 무장 해제 상태임을 드러내는 가장 분명한 신호입니다. 나를 중심으로 돌아가는 듯한 세상이, 내가 잠시 가만히 누워 있어도 멀쩡하게 움직인다는 사실을 경험하는 기회입니다. 그래서 저는 기도합니다. "이 긴 밤, 제 육신을 온전히 주님께 맡겨 드립니다. 저는 주님의 것입니다."

그래서 성경은 잠과 하나님을 아주 긴밀하게 연결 짓습니다. "내가 누워 자고 깨었으니 여호와께서 나를 붙드심이로다"시 3:5, "내가 평안히 눕고 자기도 하리니 나를 안전히 살게 하시는 이는 오직 여호와이시니이다"시 4:8. 그리고 또 정말 중요한 진리가 있으니, 바로 하나님은 주무시지 않는다는 점입니다. "여호와께서 너를 실족하지 아니하게 하시며, 너를 지키시는 이가 졸지 아니하시리로다. 이스라엘을 지키시는 이는 졸지도 아니하시고 주무시지도 아니하시리로다"시 121:3~4. 제가 주님 품 안에서 평안히 자고 쉴 수 있는 이유는, 주님이 자지도 졸지도 않으시며 지켜 주신다는 믿음 때문이겠지요.

물론 잠들 수 없는 밤도 얼마나 많았는지 모릅니다. 작가님도 불면과 많이 싸우셨다고 했는데, 저도 작가님에 비할 수는 없지만 밤이 얼마나 깊은지, 얼마나 어두운지, 얼마나 외로운지 조금은 알고 있습니다. 특히 새벽 기도 때문에 4시 30분에는 일어나야 하는데 3시까지 눈이 말똥할 때 느끼는 그 절망감, 누가 알까요? 그럴 때마다 저는 하나님을 원망하지 않을 수 없었습니다. 그렇게 뜬 눈으로 밤을 지샌 다음 날이면, 하나님을 찬양하고 그분께 감사하기가 참 어려웠습니다.

하지만 저는 불평 속에서도 한 줄기 빛과 같은 말씀을 떠올렸습니다. "내가 어둡디 어두운 골짜기를 걸을지라도, 나는 두려워하지 않을 것입니다. 주님이 나와 함께하십니다"시 23:4 참고. 잠들 수 없는 칠흑같이 어두운 밤에는, 눈으로도 영혼으로도 아무것도 볼 수 없습니다. 소망도, 기쁨도, 기대도 느낄 수 없습니다. 하지만 그 가운데서도 하나님이 나와 함께하신다고 믿기에 견딜 수 있습니다.

이 편지 역시 제가 보내는 '사적이며 공적인 편지'

의 마지막 편지가 되겠습니다. 작가님은 드라마 〈도깨비〉의 명대사를 나누어 주셨는데, 저는 제가 참 좋아하는 김연수 작가의 문장을 나누고 싶습니다. "파도가 바다의 일이라면, 너를 생각하는 것은 나의 일이었다." 저는 이 문장을 보며 두 생각이 들었습니다. 하나는 이 마음이 우리를 향한 하나님의 사랑이라는 확신이었습니다. 하나님의 심장이 다름 아닌 우리를 늘 생각하시는데 있지 않을까요? 또 다른 하나는, 이 마음이 하나님을 향한 우리의 예배가 되면 좋겠다는 염원이었습니다. 작가님과 편지를 주고받으면서 어떻게 일상에서 하나님을 찬미할 수 있을까 고민할 때마다, 저 문장을 이렇게 바꾸어 생각하고 또 묵상했습니다. "파도가 바다의 일이라면, 주님을 찬양하는 것은 나의 일이었다." 이 문장을 가슴에 품고, "오늘이 예배가 되려면, 일상이 찬양이 되려면, 하루가 찬송이 되려면 어떻게 해야 할까?"하고 저 자신에게 질문을 던졌지요. 작가님 덕분에 씨름하기 시작한 질문, 아마 평생 끌어안을 수 있을 것 같아요. 감사합니다, 작가님.

> 문득 떠오른, 파도 치는 푸른 바다를 생각하며,
> 하늘샘 드림

익숙하고 번잡한 일상을 떠나
낯설고 고요한 장소에서 나를 이해하는
친구와 함께 시간을 보내면,
그 순간이 천국의 예고편이라는 사실을
절감해요.
눈에 보이지 않는 하나님이,
눈에 보이는 사람 친구를 통해
제가 사랑받고 있음을 깨닫게 하시더라고요.

후기

'이미'와 '아직' 사이에서

　　마침내 끝났어요. 만 3년을 꽉 채운 우리의 서신 교환에 알사탕만 한 마침표를 찍습니다. 이 후기는 마침표에 덧붙이는 '^^'입니다 본문에 할 말은 다 썼지만 그냥 끝내기는 아쉽단 말이죠. 좋아하는 가수의 콘서트에 가면 앵콜은 기본이고 앵앵콜까지 들어야 공연의 여운을 귓바퀴에 가득 담고 귀가할 수 있는 것처럼요.

　　단골 카페에서 이 후기를 쓰고 있습니다. 오월의 햇살이 통창으로 가득 들어오고 창 너머로 사람과 자동차가 분주히 오갑니다. 직장인들은 월요병을 주렁주렁 달고 마지못해 출근했지만 프리랜서는 여유롭게 커피를 홀짝입니다. 입에 남은 라떼의 텁텁함을 씻기 위해 물도 한 모금 마셨어요. 커피와 물을 마실 때 늘샘이 드렸던 기도가 떠오릅니다. 우리가 주고받은 편지가 몸과 마음에 천천히 스며들었다는 증거겠죠.

저는 분주하면서도 여유로운 나날을 보내고 있습니다. 작년 봄에 암 세포 때문에 계절을 통째로 잃어버렸고, 그게 서럽고 분해서 이번 봄은 하루도 허투루 보내고 싶지 않았어요. 시간과 체력을 아끼고 아껴서 즐거이 놀고 일했습니다. 물론 '인민의 아편'인 교회도 부지런히 드나들었죠. 제 마음에 전보다 더 감사의 지분이 늘어난 듯해서, 감히 삶이 예배가 되고 예배가 삶이 되어 가는 중이라고 믿고 있습니다.

예배가 삶의 중심 키워드로 자리 잡을수록 우리가 예배하는 분을 더 알고 싶어지겠죠? 늘샘은 연구를, 저는 글쓰기 작업을 통해서 그분과 좀 더 가까워지기를 바랍니다. 그분이 목숨을 버리면서까지 사랑한 사람들과 함께 예배자로 살아가는 나날이 이어지기를 소망합니다. 그 사람들 가운데 당신, 나의 친구 하늘샘이 있어서 행복합니다. 우리의 사귐을 간접적으로 체험하실 독자들에게도 이 행복의 기운이 5월의 햇살처럼 전해지기를. 할 말은 많지만 앵앵콜은 이만 줄일게요.

사랑하고 축복합니다, 늘샘.

혜화동에서 그대의 친구 혜덕 드림

하루, 예배의 순간

하늘샘, 정혜덕 지음

2024년 10월 28일 초판 발행

펴낸이 김도완
등록번호 제2021-000048호
(2017년 2월 1일)
전화 02-929-1732
전자우편 viator@homoviator.co.kr

펴낸곳 비아토르
주소 서울시 종로구 삼일대로 428, 500-26호
(우편번호 03140)
팩스 02-928-4229

편집 김현정
제작 제이오
디자인 즐거운생활
인쇄 (주)민언프린텍
제본 다온바인텍

ISBN 979-11-94216-05-6 03230
저작권자 ⓒ하늘샘, 정혜덕, 2024